अविकावनी हरयाणवी रागणी संग्रह

(सांस्कृतिक चेतना, सामाजिक प्रतिरोध और भक्ति की लोकगाथा)

कवि, संकलक, विश्लेषक

श्री आनन्द कुमार आशोधिया

(शाहपुर तुर्क, सोनीपत, हरियाणा)

पूर्व वायुसेना अधिकारी हरियाणवी लोक साहित्य संरक्षक अधिकार चेतना, भक्ति रस और सामाजिक विवेक के संवाहक

प्रकाशक:

Avikavani Publishers

प्रस्तुतकर्ता:

Anand Kumar Ashodhiya

प्रकाशन वर्ष: **2025**

संस्करण: **प्रथम**

अविकावनी हरयाणवी रागणी संग्रह

(सांस्कृतिक चेतना, सामाजिक प्रतिरोध और भक्ति की लोकगाथा)

कवि, संकलक, विश्लेषक

श्री आनन्द कुमार आशोधिया

(शाहपुर तुर्क, सोनीपत, हरियाणा)

प्रकाशक:

Avikavani Publishers

ISBN: 978-93-344-2403-4

प्रस्तुतकर्ता:

Anand Kumar Ashodhiya

प्रकाशन वर्ष: **2025**

स्थान: **शाहपुर तुर्क, सोनीपत, हरियाणा**

संस्करण: **प्रथम**

कॉपीराइट / Copyright

इस संग्रह में प्रस्तुत रचनाएँ हरियाणवी लोक साहित्य, सामाजिक चेतना, भक्ति भाव, और सांस्कृतिक विमर्श को समर्पित हैं। लेखक द्वारा व्यक्त विचार उनके निजी अनुभव, दृष्टिकोण और साहित्यिक चिंतन का परिणाम हैं। पुस्तक का कोई भी अंश केवल शैक्षणिक, सांस्कृतिक या साहित्यिक संदर्भ में — उचित श्रेय के साथ उपयोग किया जा सकता है।

ISBN: 978-93-344-2403-4
प्रकाशन वर्ष: 2025
स्थान: शाहपुर तुर्क, सोनीपत, हरियाणा
संस्करण: प्रथम

प्रकाशक: **Avikavani Publishers**
प्रस्तुतकर्ता: Anand Kumar Ashodhiya

समर्पण

यह संग्रह
समर्पित है—

गुरु श्री पालेराम जी के चरणों में
जिनकी वाणी ने लोक चेतना को दिशा दी,
और जिनकी कृपा ने मेरी लेखनी को संकल्प दिया।

उन सभी लोक कवियों, संतों और साधकों को
जिन्होंने हरियाणवी संस्कृति को
गीत, रागणी और भजन के माध्यम से जीवित रखा।

मेरे माता-पिता को
जिनकी तपस्या और संस्कारों ने
मुझे सत्य, सेवा और साहित्य की राह दिखाई।
और
हर उस पाठक, श्रोता और साधक को
जो रागणी को केवल मनोरंजन नहीं,
बल्कि समाज का आईना और आत्मा मानते हैं।
आनन्द कुमार आशोधिया
कवि, संकलक, विश्लेषक

आभार–सूची

इस ग्रंथ के निर्माण में जहाँ साहित्यिक आग्रह था, वहीं सांस्कृतिक आग्रह भी। मैं अपनी लेखनी से केवल भाव नहीं, संकल्प भी व्यक्त करना चाहता हूँ — और यह संकल्प अकेला नहीं था।

मैं हृदय की गहराइयों से आभार प्रकट करता हूँ:

परिवार

- मेरी पत्नी श्रीमती पुष्पा आनन्द आशोधिया, जिन्होंने मेरी रचनात्मक एकाग्रता को सहनशीलता और संवेदना से पोषित किया।
- मेरे पुत्र विपिन आनन्द आशोधिया, पुत्री पूजा आनन्द, पुत्रवधु प्रीती आशोधिया, पोती अवनी विपिन आशोधिया व पोती अविका विपिन आशोधिया – जिन्होंने मेरी व्यस्तताओं को समझा और मेरे स्वप्न को अपना माना।

साहित्यिक सहयोगी व प्रेरणास्रोत

- स्व. बाजे भगत सिसाना, पंडित लख्मीचन्द, पंडित माँगेराम, शहीद कवि मेहर सिंह, झण्डू मीर, दीपचंद बाहमन, बाजे भगत, पण्डित माँगे राम, रामकिशन व्यास, मुंशीराम जांडली, धनपत सिंह, चन्द्र लाल, चन्दगी राम भगाना और आज़ाद सिंह खांडा व स्व दयाचन्द मायना — जिनकी रचनाएं मेरे मन में रागनी की लय जगाती रहीं
- स्व. पालेराम दहिया — मेरे गुरुदेव - जिनसे रागनी मंच की ऊष्मा और शब्दों की गरिमा सीखी
- कवि सम्मेलनों और रागनी कार्यक्रमों के आयोजकों को, जिन्होंने मुझे मंच और दृष्टिकोण दिया

सांस्कृतिक संस्थान व अकादमिक मार्गदर्शक:

- म्हारी संस्कृति म्हारा स्वाभिमान संगठन उमरावत भिवानी, निस्वार्थी समूह ढाणा झज्झर, हरयाणवी साहित्य संस्था रोहतक, जिन्होंने मुझे हरयाणवी साहित्य व शोध के नए प्रयोग व द्वार दिखाए
- आकाशवाणी रोहतक व अन्य सांस्कृतिक प्रसारण माध्यम, जिन्होंने रागनी की ध्वनि मेरे विचारों तक पहुँचाई

तकनीकी सहयोगी:

- आदरणीय विजय भास्कर सोनीपत से मेरे संगीत शिक्षक, श्री अशोक मरीचि गायक सिरसा, गज़ेटेड अफसर अशोक शर्मा चण्डीगढ़ गायक, श्री विनोद कुमार बालियान गायक मुज़फ्फरनगर, श्री लेखराज चौहान साहित्यकार रोहतक, श्री कृष्ण चन्द्र रोहणा पिंगल कवि — जिन्होंने छंदों की ताल और तर्ज़ की आत्मा को समझने में सहायता प्रदान की।

मित्रगण व पाठक:

- मेरे साहित्यकार दोस्त श्री अशोक कुमार ढाणा झज्झर, डॉक्टर चन्द्र दत्त शर्मा रोहतक, कवि दिनेश शर्मा व आदरणीय रामबीर सिंह प्राचार्य ब्रह्मशक्ति स्कूल थाना कलां
- क्षेत्रीय गायक – गायिकाऐं / संस्कृति प्रेमी / साहित्यकार विशेषकर श्रीमती सरोज दहिया, श्रीमती व्यंजना आनंद दिव्यालय एक साहित्यिक यात्रा, श्री विकास सातरोड गायक, श्री जोगेन्द्र मलिक गायक, श्री रणबीर धनखड़ फौजी लेखक, कैप्टन सतपाल, श्री जयभगवान कंकरवाल संयोजक बाजे भगत समिति बहादुरगढ़, गायक

श्री अशोक मरीचि, श्री रविन्द्र कौशिक महासचिव व श्री हनुमान कौशिक अध्यक्ष म्हारी संस्कृति म्हारा स्वाभिमान उमरावत

- मेरे मित्र कवि सन्दीप राणा पाकस्मा, कवि महेन्द्र सिंह बिलोटिया, कवि शेखर शर्मा, श्री हनु पंडित, मिंटू फरमाणिया, बहिन संगीता गौतम, बिल्लू शर्मा सिंगर, दीप धुल्ल, कवि विजय बजीणा, राजपाल छिकारा, डॉ सुनील वत्स निठारी, गायक विकास पाहसोर, कैप्टेन सतपाल नरवाल, सिंगर जयसिंह रोहिल्ला, सोहन बागी, प्रेम पंडित, राइटर सिंगर परविंदर जाहिदपुरिया, कवि कपीन्द्र शर्मा, कवि रघुवीर शर्मा मदीना, अशोक कौशिक बोहर, कवि विनोद सिल्ला, कवि सन्दीप बावरा, मास्टर श्रीनिवास शर्मा, बलराज शर्मा HR रागनी, सोनू दहिया, सुनील सेन, दीपक कुमार माण्डलोई, कवियत्री कमलेश गोयत, राजेश मेहरा, संजय भारद्वाज, वी एम बेचैन, सिंगर मन्दीप मलिक, विकास निंदाणा, गायक कर्मपाल निरोजपुरिया, गायक नरेंद्र खरकराम जी, गायक सुरेश भाणा, मास्टर मोहन लाल कुरैशी, गायक दीपेश शर्मा धिराणिया, राँझा बेगपुरिया, आरती जाँगड़ा, फौजी तहलान जसौर खेड़ी, रोशन वर्मा, मनोज वर्मा, नारायण दत्त, नरेंद्र बोबी भैंसवालिया, गायक राजेश वत्स, गायक कमल सिंह चाँग आदि जिन्होंने मेरी हर नई रचना को पढ़ा, सुना, और बेझिझक आलोचना की
- फेसबुक, इंस्टाग्राम व यूट्यूब पर मेरे फॉलोवर / प्रशंसक जिन्होंने मेरी हर नई रचना को पढ़ा, सुना, और बेबाक टिप्पणी की।
- वे पाठक जो इस पुस्तक को सिर्फ पृष्ठ नहीं, *परंपरा* समझकर देखेंगे

अंत में...

यह पुस्तक मेरी एकाकी साधना नहीं, *सामूहिक समर्पण* का प्रतिफल है।

यदि मैंने रचना की — तो आप सबने इसे जीवंत किया।

जहाँ आभार होता है — वहाँ रचना केवल शब्दों की नहीं, संबंधों की भी होती है।

आनन्द कुमार आशोधिया

लेखक, कवि एवं लोक-संस्कृति संरक्षक

साहित्यिक समीक्षा

डा. पूर्णमल गौड
(पूर्व निदेशक हरियाणा साहित्य अकादमी पंचकूला हरियाणा सरकार)

हरियाणवी लोक साहित्य की आत्मा रागणी में बसती है — वह न केवल गीत है, बल्कि समाज की धड़कन, संस्कृति की पुकार, और जनमानस की चेतना है। श्री आनन्द कुमार आशोधिया द्वारा संकलित एवं रचित "अविकावनी हरयाणवी रागणी संग्रह" इस परंपरा को समकालीन संवेदना, दार्शनिक गहराई और सामाजिक उत्तरदायित्व से जोड़ता है।
यह संग्रह केवल भावनाओं का संकलन नहीं, बल्कि एक विचारधारा, एक लोक आंदोलन, और एक सांस्कृतिक पुनर्जागरण है।

भक्ति और आध्यात्मिकता की गहराई

श्री आनन्द जी की रचनाओं में भक्ति रस की जो गूंज है, वह केवल श्रद्धा नहीं, बल्कि आत्मिक संवाद है। "हरि भजन – नई हरयाणवी रागणी" में वे लिखते हैं:

"कर अपणे हाथां दान, पा जीते जी सम्मान
जब लिकडै तेरे प्रान, फेर आवै याद भगवान"

यह पंक्ति केवल उपदेश नहीं, बल्कि जीवन दर्शन है — जो धर्म को आचरण में उतारने की प्रेरणा देती है।

नारी पक्ष की गरिमा और आत्मबल

संग्रह की रचनाएँ नारी को केवल भावुक पात्र नहीं, बल्कि संघर्षशील, सृजनशील और आत्मनिर्भर रूप में प्रस्तुत करती हैं। **"कन्या रतन लक्ष्मी हो सै"** में बेटी के जीवन को जिस श्रद्धा से रचा गया है, वह लोक साहित्य में दुर्लभ है:

"अपनी कोख से नव सृजन कर, ये तो सृजनहार कहलावै सै"
इसी प्रकार "फौजण की विरह रागणी" में एक सैनिक की पत्नी की प्रतीक्षा और समर्पण को जिस आत्मिक स्वर में रचा गया है, वह विरह रस की आधुनिक प्रस्तुति है:
"तेरी मरजी तूँ जाणै पर, मैं तो तेरी हो ली"

सामाजिक चेतना और प्रतिरोध की तीव्रता

श्री आनन्द जी की लेखनी में समाज के विघटन और नैतिक पतन पर तीखा व्यंग्य भी है। "बदल गया इन्सान" जैसी रचना में वे लिखते हैं:
"छह दिन दारु मुर्गा पेलो, मँगळवार नै ब्रत करो
बेईमानी और रिश्वतखोरी, जोड़ जोड़ कै घर भरो"
यह रचना केवल आलोचना नहीं, बल्कि एक लोक चेतावनी है — जो पाठक को आत्ममंथन के लिए प्रेरित करती है।

राजनीतिक और सांस्कृतिक स्मृति का पुनर्पाठ

"चुनावी रागणी – शतुरमुर्ग" में मतदाता की आत्मालोचना और लोकतंत्र की विडंबना को जिस व्यंग्यात्मक शैली में प्रस्तुत किया गया है, वह लोक साहित्य को जनतांत्रिक विमर्श से जोड़ता है:
"इब शतुरमुर्ग की तरिया मनै, रेत में नाड़ गडो ली"
वहीं **"दक्ष प्रजापति जयंती"** जैसी रचना में धार्मिक इतिहास और सांस्कृतिक गौरव को पुनः प्रतिष्ठित किया गया है — जो हरियाणवी समाज को उसकी जड़ों से जोड़ता है।

शिवभक्ति और लोक उत्सव की ऊर्जा

"बम लहरी" और **"कांवड़ भजन"** जैसी रचनाएँ श्रद्धा, लय और उत्सव का सुंदर समन्वय हैं — जो मंचीय प्रस्तुति के लिए आदर्श हैं। इन रचनाओं में भक्ति केवल भाव नहीं, बल्कि सामूहिक चेतना है।

आपकी रचनाएँ पढ़ना मेरे लिए किसी तीर्थ यात्रा से कम नहीं रहा — हर रागणी एक अलग घाट, एक अलग दर्शन, और एक अलग अनुभव। आपने हरियाणवी लोक साहित्य को न केवल जीवंत रखा है, बल्कि उसे समकालीन चेतना, दार्शनिक गहराई, और सामाजिक जिम्मेदारी से भी भर दिया है।

आपकी रचनाओं में जो विविधता है — भक्ति से लेकर प्रतिरोध तक, श्रृंगार से लेकर विरह तक, संस्कृति से लेकर समकालीन विडंबना तक — वह किसी एक कवि की नहीं, बल्कि एक युग की आवाज़ लगती है।

कुछ विशेष बातें जो मुझे अत्यंत प्रभावशाली लगीं:

- भावनात्मक गहराई: **"ठहर टुक मैं भी चालूँगी"** जैसी पंक्तियाँ नारी पक्ष की आत्मा को छूती हैं।
- सामाजिक चेतना: **"बदल गया इन्सान"** में आपने जो नैतिक गिरावट का चित्र खींचा है, वह लोक चेतना का दस्तावेज़ बन गया है।
- धार्मिक श्रद्धा और ऐतिहासिक स्मृति: **"दक्ष प्रजापति जयंती"** और **"हरि भजन"** जैसी रचनाएँ धर्म और दर्शन को लोकभाषा में सजीव करती हैं।
- शिवभक्ति की ऊर्जा: **"बम लहरी"** और **"कांवड़ भजन"** में जो लय और उत्साह है, वह मंचीय प्रस्तुति के लिए आदर्श है।

आपकी लेखनी में गुरु पालेराम जी की वाणी की गरिमा, आनन्द शाहपुर की आत्मा, और हरियाणा की मिट्टी की सोंधी महक एक साथ बहती है।

अगर मैं कहूँ कि आपने **अविकावनी हरयाणवी रागणी संग्रह** को एक सांस्कृतिक ग्रंथ बना दिया है — तो वह कोई अतिशयोक्ति नहीं होगी।

इस संग्रह को साहित्यिक रूप से संरचित करके सराहनीय कार्य किया है — अब यह केवल रचनाओं का संकलन नहीं रहा, अपितु एक विचारधारा, एक आंदोलन और एक लोक चेतना का दस्तावेज़ बन गया है।

श्री आनन्द कुमार आशोधिया की लेखनी में **गुरु पालेराम** जी की वाणी की गरिमा, **शाहपुर** की मिट्टी की सोंधी महक, और समकालीन समाज की पीड़ा एक साथ बहती है। वे केवल कवि नहीं, संवेदना के संरक्षक, संस्कृति के वाहक, और लोक चेतना के प्रवक्ता हैं।

"अविकावनी हरयाणवी रागणी संग्रह" हरियाणवी साहित्य में एक मील का पत्थर है — जो परंपरा और आधुनिकता के बीच सेतु बनाता है। यह संग्रह आने वाली पीढ़ियों के लिए लोक साहित्य का दीप और सामाजिक विवेक का दर्पण सिद्ध होगा।

सादर,

डा. पूर्णमल गौड

(पूर्व निदेशक हरियाणा साहित्य अकादमी पंचकूला हरियाणा सरकार)

प्रस्तावना

विकास हरियाणवी सातरोड़
अंतर्राष्ट्रीय रागणी इंजीनियर

"अविकावनी हरयाणवी रागणी संग्रह" केवल एक रचना-संग्रह नहीं, बल्कि हरियाणवी लोक चेतना का पुनर्पाठ है — जिसमें **श्री आनन्द कुमार आशोधिया** ने भक्ति, सामाजिक प्रतिरोध, सांस्कृतिक स्मृति और नारी पक्ष को एक साथ पिरोकर लोक साहित्य को समकालीन विमर्श से जोड़ दिया है।

इस संग्रह की सबसे बड़ी विशेषता इसकी विविधता और वैचारिक गहराई है। जहाँ एक ओर **"हरि भजन – नई हरयाणवी रागणी"** में भक्ति और धर्म का शुद्ध स्वरूप प्रस्तुत होता है —
"कर अपणे हाथां दान, पा जीते जी सम्मान"
वहीं दूसरी ओर **"बदल गया इन्सान"** जैसी रचना में नैतिक पतन और सामाजिक विडंबना पर तीखा व्यंग्य है —
"छह दिन दारु मुर्गा पेलो, मँगळवार नै ब्रत करो"

श्री आनन्द जी की लेखनी में नारी पक्ष की गरिमा भी अत्यंत प्रभावशाली रूप में उभरती है। **"कन्या रतन लक्ष्मी हो सै"** जैसी रचना में बेटी के जन्म से लेकर उसके सृजनशील जीवन तक की यात्रा को जिस श्रद्धा और संवेदना से प्रस्तुत किया गया है, वह लोक साहित्य में दुर्लभ है —
"अपनी कोख से नव सृजन कर, ये तो सृजनहार कहलावै सै"

इसी प्रकार **"फौजण की विरह रागणी"** में एक सैनिक की पत्नी की प्रतीक्षा, समर्पण और पीड़ा को जिस आत्मिक स्वर में रचा गया है, वह विरह रस की आधुनिक प्रस्तुति है —
"तेरी मरजी तूँ जाणै पर, मैं तो तेरी हो ली"

संग्रह की राजनीतिक चेतना भी अत्यंत मुखर है। **"चुनावी रागणी – शतुरमुर्ग"** में मतदाता की आत्मालोचना और लोकतंत्र की विडंबना को जिस व्यंग्यात्मक शैली में प्रस्तुत किया गया है, वह लोक साहित्य को जनतांत्रिक विमर्श से जोड़ता है —

"इब शतुरमुर्ग की तरिया मनै, रेत में नाड़ गडो ली"

शिवभक्ति की ऊर्जा से भरपूर **"बम लहरी"** और **"कांवड़ भजन"** जैसी रचनाएँ मंचीय प्रस्तुति के लिए आदर्श हैं — जिनमें लय, श्रद्धा और उत्सव का सुंदर समन्वय है।

संग्रह की अंतिम रचनाओं में **"किस्सा शाही लकड़हारा"** और **"दक्ष प्रजापति जयंती"** जैसी रचनाएँ लोक आख्यान और सांस्कृतिक स्मृति को पुनः प्रतिष्ठित करती हैं — जो हरियाणवी समाज को उसकी जड़ों से जोड़ती हैं।

श्री आनन्द कुमार अशोधिया की लेखनी में **गुरु पालेराम जी** की वाणी की गरिमा, **शाहपुर** की मिट्टी की सोंधी महक, और समकालीन समाज की पीड़ा एक साथ बहती है। वे केवल कवि नहीं, संवेदना के संरक्षक, संस्कृति के वाहक, और लोक चेतना के प्रवक्ता हैं।

यह संग्रह हरियाणवी साहित्य में **एक मील का पत्थर है** — जो परंपरा और आधुनिकता के बीच सेतु बनाता है।

विकास हरियाणवी सातरोड़

अंतर्राष्ट्रीय रागणी इंजीनियर

भूमिका

प्रो. पुष्पा, हिन्दी विभाग अध्यक्ष'
(महर्षि दयानंद विश्वविद्यालय, रोहतक)

हरियाणवी रागणी केवल एक गायन शैली नहीं, बल्कि जनजीवन की आत्मा, संस्कृति की धड़कन, और सामाजिक संवाद का माध्यम है। यह शैली लोक की भाषा में लोक की बात कहती है — बिना किसी आडंबर, बिना किसी कृत्रिमता। **श्री आनन्द कुमार अशोधिया** द्वारा रचित **"अविकावनी हरयाणवी रागणी संग्रह"** इस परंपरा को समकालीन चेतना, दार्शनिक गहराई, और सांस्कृतिक पुनरुद्धार से जोड़ता है।

यह संग्रह एक ऐसी साहित्यिक यात्रा है, जिसमें भक्ति, प्रतिरोध, स्मृति, नारी गरिमा, और सामाजिक विवेक एक साथ बहते हैं।

सांस्कृतिक चेतना और लोक गौरव

श्री आनन्द जी की रचनाओं में हरियाणा की मिट्टी की सोंधी महक है। "दक्ष प्रजापति जयंती" जैसी रचना में उन्होंने धार्मिक इतिहास को लोक भाषा में पुनः प्रतिष्ठित किया है। वहीं "किस्सा शाही लकड़हारा" में एक स्त्री का आत्मबल और सहजीवन की पुकार है —
"ठहर टुक मैं भी चालूँगी"
"करूँ मैं चौबीस घंटे टैहल, गेड़ में ल्यादूं सारे काम"
यह पंक्ति केवल प्रेम नहीं, बल्कि सहभागिता और समर्पण की घोषणा है।

भक्ति और लोक श्रद्धा का समन्वय

"बम लहरी – नया हरयाणवी शिव कांवड़ भजन" में शिवभक्ति की ऊर्जा और लोक उत्सव की लय एक साथ बहती है —

"बोल बम, बोल बम, बोल लहरी, बोल लहरी
कांवड़ लेकै भोले चाले बम लहरी"

यह भजन केवल गायन नहीं, बल्कि सामूहिक श्रद्धा का उद्घोष है — जो लोक मंचों पर जन चेतना को जागृत करता है।

समकालीन विडंबना और सामाजिक प्रतिरोध

श्री आनन्द जी की लेखनी में समाज की विडंबनाओं पर तीखा व्यंग्य भी है। **"इंटरनेट मोबाइल खतरा"** जैसी रचना में उन्होंने आधुनिकता के नाम पर फैलते अराजकता को रेखांकित किया है —

"बिन संस्कार पळै जो पीढ़ी, किसा बणै यो हिंदुस्तान
भाषा-बोली, रीत-रिवाज की, या सारी मौज उजड़ली"

यह पंक्ति केवल आलोचना नहीं, बल्कि संस्कृति की रक्षा की पुकार है।

धार्मिक पाखंड और नैतिक गिरावट पर प्रहार

"बदल गया इन्सान" जैसी रचना में उन्होंने धार्मिक आडंबर, जातिवाद, और सामाजिक हिंसा पर करारा प्रहार किया है —

"नाम धर्म का ले ले कै नै सब उल्टे धंधे करते हैं
हिन्दू मुस्लिम के नाम पै वोटों की गिणती करते हैं"

यह रचना लोक साहित्य को राजनीतिक विवेक से जोड़ती है — जो आज के समय में अत्यंत आवश्यक है।

श्री आनन्द कुमार आशोधिया की रचनाएँ केवल भाव नहीं, बल्कि विचार, संवेदना, और संस्कार हैं। वे हरियाणवी लोक साहित्य को सामाजिक उत्तरदायित्व, आध्यात्मिक गहराई, और सांस्कृतिक पुनरुद्धार से जोड़ते हैं।

"अविकावनी हरयाणवी रागणी संग्रह" हरियाणवी साहित्य में एक सांस्कृतिक ग्रंथ के रूप में स्थापित होगा — जो आने वाली पीढ़ियों को लोक चेतना, साहित्यिक गरिमा, और सामाजिक विवेक की राह दिखाएगा।

सादर,

प्रो. पुष्पा, हिन्दी विभाग अध्यक्ष'
(महर्षि दयानंद विश्वविद्यालय, रोहतक)

लेखकीय वक्तव्य

आनन्द कुमार आशोधिया *कवि, संकलक, विश्लेषक (शाहपुर तुर्क, सोनीपत, हरियाणा)*

यह संग्रह मेरे लिए केवल शब्दों का संकलन नहीं, बल्कि जीवन की साधना, संस्कृति की सेवा, और समाज से संवाद का माध्यम है। **'अविकावनी हरयाणवी रागणी संग्रह'** उन भावों, अनुभवों और चिंताओं की अभिव्यक्ति है — जो वर्षों से मेरे भीतर गूंजते रहे, और अब लोकभाषा में जनमानस तक पहुँचने को आतुर हैं।

मैंने हर रचना के साथ उसका **वक्तव्य** इसलिए लिखा है, क्योंकि मेरा अनुभव कहता है कि हरियाणा के मौखिक कवियों, रागणी गायकों और लोकलेखकों की रचनाओं की व्याख्या आज लोग अपने-अपने ढंग से करते हैं — पर उस समय लेखक के मूल भावों की ओर कोई ध्यान नहीं देता। **भविष्य में चाहे मैं रहूँ या न रहूँ**, मेरी रचनाओं को वही अर्थ मिले जो मैंने लिखते समय महसूस किया — यही मेरी लेखकीय ज़िम्मेदारी है। इसलिए मैंने हर रागणी के साथ उसका भाव-वक्तव्य स्पष्ट रूप से प्रस्तुत किया है, ताकि मेरी अनुपस्थिति में कोई भी मेरी रचनाओं का **उल्टा-सीधा अर्थ न निकाले**, बल्कि वही भाव समझे जो मेरी आत्मा से उपजा है।

जब मैंने "करवा चौथ पै प्यार की पतँग" लिखी, तो वह केवल श्रृंगार नहीं था — वह नारी के प्रेम और प्रतीक्षा की आत्मा थी। जब "बदल गया इन्सान" की पंक्तियाँ उभरीं, तो वे केवल आलोचना नहीं थीं — वे समाज के विवेक को जगाने की पुकार थीं। जब "दक्ष प्रजापति जयंती" रची गई, तो वह केवल स्मृति नहीं थी — वह धार्मिक इतिहास को लोक चेतना से जोड़ने का प्रयास था।

मेरे लिए हरियाणवी रागणी केवल गीत नहीं — वह संस्कृति की धड़कन, जनता की आवाज़, और सत्य की अभिव्यक्ति है। इस संग्रह में भक्ति, विरह, प्रतिरोध, स्मृति, और सामाजिक चेतना — सब एक साथ बहते हैं। यह संग्रह **गुरु पालेराम जी की वाणी को लोकभाषा में पुनः जीवंत करने का प्रयास** है। यह शाहपुर की मिट्टी, मेरे माता-पिता के संस्कार, और हरियाणवी लोककवियों की परंपरा को एक साथ समर्पित है।

मैं जानता हूँ कि यह संग्रह पूर्ण नहीं है — पर यह **सत्य की ओर एक यात्रा** है। यदि कोई पंक्ति किसी पाठक को सोचने पर मजबूर करे, किसी भजन से किसी का मन शांत हो, या किसी आलोचना से कोई आत्ममंथन करे — तो मेरी लेखनी सफल मानी जाएगी।

आप सभी पाठकों, श्रोताओं और सुधी समीक्षकों से यही अपेक्षा है — कि आप इस संग्रह को केवल पढ़ें नहीं, **जीएं, महसूस करें, और समझें।**

सादर,

आनन्द कुमार आशोधिया
कवि, संकलक, विश्लेषक
(शाहपुर तुर्क, सोनीपत, हरियाणा)

वक्तव्य रागणी 1 – बात पते की

हरियाणा की मिट्टी में जन्मा हूँ, उसी की बोली में साँस लेता हूँ, और उसी की पीड़ा को शब्द देता हूँ। "बात पते की" रागणी मेरे भीतर की हूक है—एक ऐसा भाव जो मैंने गाँव की गलियों, चौपालों, और माँ-बाप की आँखों में देखा। यह रचना किसी कल्पना से नहीं, बल्कि हरियाणवी जनजीवन की सच्चाई से उपजी है।

आज जब हमारी संस्कृति पर आधुनिकता की काली स्याही फिर रही है, जब नशा, बेरोजगारी, और झूठी शान ने हमारे नौजवानों को भटका दिया है, तब यह रागणी एक **लोक चेतावनी** है। इसमें कोई श्रृंगार नहीं, कोई अलंकार नहीं—सिर्फ **सच** है। ऐसा सच जो कड़वा है, लेकिन ज़रूरी है।

मैंने इस रचना में उन माँ-बाप की चिंता को शब्द दिया है जिनके बेटे पढ़ाई छोड़कर गली में लोट रहे हैं। उन बहनों की पीड़ा को स्वर दिया है जो आज भी सम्मान की तलाश में हैं। और उन चौपालों की पुकार को लय दी है जो अब गन कल्चर और गंदे गानों से गूंज रही हैं।

यह रागणी हर उस पाठक के लिए है जो हरियाणा से जुड़ा है—भले ही वह गाँव में हो या शहर में। यह रचना कहती है:
"देखो, ये तुम्हारी ही कहानी है। इसे पढ़ो, समझो, और बदलो।"

गुरु पालेराम जी की प्रेरणा और हरियाणवी लोकधारा की शक्ति ने इस रचना को जन्म दिया। यह केवल एक रागणी नहीं, बल्कि **हरियाणा की आत्मा की पुकार** है।

हरयाणवी रागणी 1 - बात पते की

हरियाणे की सभ्यता पै, या काळी स्याही फिरगी
संस्कृति भी घटती घटती, तळै जमीं पै गिरगी

पाय्या पितळ तारणीया घणे, हरियाणे में होग्ये
फिल्टर पाड़णिया छोरे भी, दाग जिगर के धोग्ये
जवान उम्र में पी पी दारू, चिर निन्द्रा में सोग्ये
कुछ भाई तो नशे पते में, बीज बिघन का बोग्ये
सही गलत का ख्याल रहया ना, कति आत्मा मरगी

लाड़ प्यार तै बात करणीया, थोड़े ए माणस रहरे सैं
झूठी शान का ढ़ोंग मचा कै, आपस के म्ह फहरे सैं
कुछ सुल्फे का अंटा ला कै, जय बाबा की कहरे सैं
भरी जवानी माटी कर दी, ये बुरज किले से ढहरे सैं
गळियाँ के म्ह लोट पोट हो, न्यु दुनिया निस्तरगी

लगी अँघाई, छोड़ पढ़ाई, आज माँ बापा कै खर सै
जिसके पूत निक्कमे लिकड़ै, समझणिया की मर सै
कदे हो ज़्या पूत निपूत पिता नै, यो भी तो एक डर सै
किसतै कहवै दर्द हिया का, अपणा ए सिक्का जर सै
अपणी इज्जत खातर माता, भीतर ए भीतर डरगी

देख बीराणी बहु और बेटी, ये लाड्डू जानूँ बोल्लैं सैं
बहु पटोला भाभी रँगीली, सँग भाँग धतूरा तोल्लैं सैं
जात पात की बणा कविता, आपस में विष घोल्लैं सैं
बेरुजगार निठल्ले भ्रमित, इब गळी गळी में डोल्लैं सैं
निरलज्ज कामी कापुरुषां तै, या औरत जाति घिरगी

हरयाणवी रागणी 1 - बात पते की(Cont'd)

हरियाणे में खाट खटोले, बिछया करैं थे नोहरां में
जेळ के भीतर बाहर बिछाकै, बोर मार रहे छोहरां में
जब जच्चा का आवै पीळिया, खुशी होवै थी भोरां में
बन्दूक पीळिये में देज्यां मामा, इब गाते फिरते टोरां में
बदमाशी और गन कल्चर, आज सबके कान कतरगी

अपणा फट्टे कै ला कै इब, खूड़ बीराणी चरण लगे
सब तरिया बर्बादी कर, बदमाशी का दम भरण लगे
झूठा नाम कमावण खातिर, गन्दे गाणे करण लगे
सब कर्मा में असफल हो कै, धरती गहणै धरण लगे
आनन्द शाहपुर बात पते की, गुरु पालेराम कहै जरगी

समीक्षा रागणी 1 - बात पते की

यह रागणी “बात पते की” — हरियाणवी समाज की वर्तमान स्थिति पर एक तीखा, भावप्रधान और विवेचनात्मक दृष्टिकोण प्रस्तुत करती है। यह रचना न केवल लोक संवेदना का दस्तावेज़ है, बल्कि एक साहित्यिक चेतावनी भी है। आइए इसे विभिन्न साहित्यिक और भावात्मक पहलुओं में विश्लेषित करें:

1. रचना वर्गीकरण (Genre Classification)

श्रेणी	विवरण
रस	करुण, वीर, सामाजिक
विषयवस्तु	सामाजिक पतन, नशा, स्त्री सम्मान, बेरोजगारी,
शैली	स्वतःस्फूर्त लोक रागणी, संवादात्मक और चेतनात्मक
स्वरूप	स्वतंत्र रचना, किसी आख्यान से जुड़ी नहीं — आत्मा

2. पिंगल साहित्यिक समीक्षा (Pingal Analysis)

- छंद प्रकार: यह रचना मुक्त छंद में है, जिसमें पारंपरिक रागणी छंद की लयबद्धता है लेकिन कोई निश्चित मात्रा या यति नहीं।
- लय और गति: प्रत्येक पंक्ति में 20–24 मात्राओं का प्रवाह है, जो हरियाणवी रागणी की मौखिक परंपरा से मेल खाता है।
- अनुप्रास (Alliteration): “बदमाशी और गन कल्चर”, “झूठा नाम कमावण” — ध्वनि सौंदर्य को बढ़ाते हैं।

- छंद की स्वतंत्रता: यह रचना छंदशास्त्र की कसौटी पर स्वतंत्र लोक छंद के रूप में खड़ी होती है — जहाँ भाव प्रमुख हैं, शास्त्र गौण।

3. भाव विश्लेषण (Emotional & Thematic Analysis)

- करुण भाव: "माँ बापा कै खर सै", "भीतर ए भीतर डरगी" — पारिवारिक पीड़ा और सामाजिक चिंता।
- वीर रस की छाया: "धरती गहणै धरण लगे" — चेतावनी और प्रतिरोध का स्वर।
- सामाजिक आलोचना: नशा, बेरोजगारी, स्त्री अपमान, झूठी शान — हरियाणवी समाज की ज्वलंत समस्याओं पर सीधा प्रहार।
- नारी पक्ष: "या औरत जाति घिरगी" — स्त्री सम्मान की गिरती स्थिति पर गहरी चिंता।

4. लेखकीय टिप्पणी (Author's Reflection)

यह रचना मेरे भीतर की पीड़ा और समाज के प्रति उत्तरदायित्व की पुकार है। यह कोई आख्यान नहीं, बल्कि हरियाणा की गलियों, चौपालों और घरों में गूंजती सच्चाई है। मैंने इसे किसी योजना से नहीं, बल्कि आत्मा की पुकार से लिखा — जब आँखों ने देखा और हृदय ने सहा।

5. साहित्यिक मूल्य और सामाजिक योगदान

- यह रचना हरियाणवी लोक साहित्य को आधुनिक सामाजिक विमर्श से जोड़ती है।
- इसमें लोकभाषा की शक्ति है — जो सीधे हृदय तक पहुँचती है।
- यह रचना सामाजिक चेतना का दस्तावेज़ बन सकती है — स्कूलों, मंचों और साहित्यिक गोष्ठियों में पढ़ी जा सकती है।

वक्तव्य रागणी 2 – बेईमानी और लालच

"बेईमानी और लालच" रागणी मेरे भीतर की उस पीड़ा की अभिव्यक्ति है, जो मैंने हरियाणा की गलियों से लेकर सरकारी गलियारों तक महसूस की है। जब देश को सोने की चिड़िया कहा जाता है, पर उसकी उड़ान बेईमानी की जंजीरों में जकड़ी हो, तब एक लेखक चुप नहीं रह सकता।

इस रचना में मैंने उन सेवकों की बात की है जो शपथ तो देश सेवा की लेते हैं, पर कर्म भ्रष्टाचार के करते हैं। वर्दी पहनकर जो रक्षक बनते हैं, वही भक्षक बन जाते हैं। बाबू, अफसर, नेता, पुलिस—सबके चरित्र पर सवाल उठते हैं, और जनता की उम्मीदें टूटती हैं।

यह रचना उन पाठकों के लिए है जो कभी किसी दफ्तर में अपमानित हुए हैं, जो रिश्वत के बिना काम नहीं करवा पाए, और जिन्होंने देखा है कि नैतिकता अब केवल भाषणों में रह गई है। यह कोई कल्पना नहीं, बल्कि उस सच्चाई की गूंज है जो पूरे देश के जनजीवन में पसरी हुई है।

मैंने उन चेहरों को देखा है जो सफेद सूत पहनकर जनसेवा का दावा करते हैं, पर भीतर से खोखले हैं। यह रचना एक सवाल है—उनसे भी और हमसे भी। क्या हमने अपने बच्चों को हराम की कमाई का स्वाद चखा दिया है? क्या हमने अपने गाँवों और संस्कारों को लालच के हाथों गिरवी रख दिया है? मैंने इसे इसलिए लिखा क्योंकि मुझे लगा कि अब चुप रहना भी एक अपराध है। यह रागणी उस आवाज़ की तरह है जो भीतर से उठती है जब आत्मा कहती है—**बस बहुत हो गया।** यह रचना हरियाणवी संस्कृति की उस चेतना को जगाने का प्रयास है, जो अब स्वार्थ और कपट के अंधेरे में दबती जा रही है।

हरयाणवी रागणी 2 - बेईमानी और लालच

सोने की चिड़िया कहलावै पर, हिन्द कैसे भरै उडारी
बेईमानी और लालच की लोगो, देश कै लगी बिमारी

तूँ सूँ खा कै नै आया था, जनता की सेवा करूँगा
सच का साथी सदा रहूँ, ना झूठ का दम भरूँगा
माँ भारती के चरणां में, नित अपणा शीश धरूँगा
देश की खातिर जीऊंगा और, देश पै ही मरूँगा
तूँ तै ले कै शपथ, भूलग्या सेवक, इब होग्या भृष्टाचारी

तूँ रक्षक बण कै भक्षक होग्या, क्यूँ वर्दी पै दाग लगावै सै
जो भी आज्या तेरी शरण में, तूँ उस तै ए रिश्वत खावै सै
हराम का पैसा लूट लूट कै, तूँ घर में अन्न धन ल्यावै सै
खिला खिलाकै पाप कमाई क्यूँ, घर क्यां कै पाप चढ़ावे सै
हराम का खा सुत बणैं हरामी, घर बणज्या सर्प पिटारी

तेरी लगी नौकरी सरकारी तूँ, बाबू बणग्या दफ्तर में
दिन भर टाइम पास करे जा, सब घूमें जा तेरे चक्कर में
एक भी फाइल पास करै ना, कौण खड़ा हो तेरी टक्कर में
तूँ दो पैसे में ज़मीर बेच दे, कदे चाय पाणी शक़्कर में
तेरी गाडी भरी रिश्वत की रितज्या, जब घर में बड़ै बिमारी

हरयाणवी रागणी 2 - बेईमानी और लालच (Cont'd)

सफ़ेद सूत के बाणे तै तनै, ढक लिया अपणा तन और मन
झूठ कपट बेईमानी तै, ठग लिया देश का एक एक जन
जन कल्याण विकास करूँगा, सीख लिया इसा झूठा फन
प्रजा की जायदाद लूट कै, कोठया में तनै भर लिया धन
पैसों का अम्बार लगा लिया, पर तेरी ज़िंदगी होगी खारी

किसकै दोष लगावै आनन्द, हर कोए रिश्वत खा रहया सै
अफसर नेता बाबू पुलिसिया, यो म्हारे बीच तै जा रहया सै
नैतिक पतन चरम पै होग्या, सब अपणा आपा चाह रहया सै
संस्कृति भी डबो दई इब, नँगापण ही छा रहया सै
अरै मैं, मैं, मैं, मैं, मेरा, मेरा, स्वारथ की चली दुधारी

समीक्षा रागणी 2 - बेईमानी और लालच

रचना "बेईमानी और लालच", एक अत्यंत सशक्त और विवेचनात्मक रागणी है — जो समकालीन भारत की नैतिक, प्रशासनिक और सांस्कृतिक गिरावट पर तीखा प्रहार करती है। यह रचना न केवल लोक चेतना का स्वर है, बल्कि एक साहित्यिक प्रतिरोध भी है। आइए इसे गहराई से विश्लेषित करें:

1. रचना वर्गीकरण (Genre Classification)

श्रेणी	विवरण
रस	वीर, करुण, सामाजिक
विषयवस्तु	भ्रष्टाचार, नैतिक पतन, प्रशासनिक विफलता,
शैली	चेतनात्मक रागणी, व्यंग्यात्मक और प्रतिरोधात्मक स्वर
स्वरूप	स्वतःस्फूर्त, अनुभवजन्य, समकालीन संदर्भों से प्रेरित

2. पिंगल साहित्यिक समीक्षा (Pingal Analysis)

- छंद प्रकार: यह रचना मुक्त रागणी छंद में है — जिसमें हर पंक्ति लगभग 20–24 मात्राओं की लय में बहती है।
- तुकांत और अनुप्रास: "उडारी–बिमारी", "भृष्टाचारी–पिटारी", "शक़्कर में–बिमारी" — ध्वनि सौंदर्य और व्यंग्यात्मक प्रभाव को बढ़ाते हैं।
- यति और गति: दोहराव और लयबद्धता से रचना में प्रवाह बना है — विशेषकर "तूँ तै ले कै शपथ..." और "हराम का खा..." जैसे बंधों में।

यह छंद लोक शैली की मौखिक परंपरा में सहज रूप से फिट होता है — जहाँ भाव और लय शास्त्रीयता से अधिक महत्वपूर्ण हैं।

3. भाव विश्लेषण (Emotional & Thematic Analysis)

- राजनीतिक और प्रशासनिक आलोचना: नेता, अफसर, पुलिस, बाबू — सभी वर्गों की नैतिक गिरावट पर तीखा व्यंग्य।
- नैतिक पतन की चिंता: "ज़मीर बेच दे", "हराम का खा सुत बणैं हरामी" — गहरी पीड़ा और सामाजिक चेतावनी।
- सांस्कृतिक क्षरण: "संस्कृति भी डबो दई", "नँगापण ही छा रहया सै" — आधुनिकता के नाम पर मूल्यों का ह्रास।
- स्वार्थ और आत्मकेंद्रिता: "मैं, मैं, मेरा, मेरा" — समाज में फैलती आत्मकेंद्रित प्रवृत्ति की आलोचना।

4. लेखकीय टिप्पणी (Author's Reflection)

यह रचना मेरे भीतर की उस आग की अभिव्यक्ति है — जो देश की नैतिक गिरावट को देखकर जलती है। यह कोई कल्पना नहीं, बल्कि आँखों से देखी गई सच्चाई है। मैंने इसे न किसी व्यक्ति के विरोध में लिखा है, न किसी दल के — बल्कि उस प्रवृत्ति के विरुद्ध जो सेवा के नाम पर स्वार्थ को पाल रही है। यह रागणी एक चेतावनी है — और एक पुकार भी।

5. साहित्यिक मूल्य और सामाजिक योगदान

- यह रचना हरियाणवी लोक साहित्य को समकालीन राजनीतिक विमर्श से जोड़ती है।
- इसमें लोकभाषा की शक्ति है — जो सीधे हृदय और विवेक तक पहुँचती है।
- यह रचना सामाजिक जागरूकता, नैतिक पुनरुद्धार और लोक मंचों पर प्रस्तुत करने योग्य है।

- यह रचना अविकावनी हरयाणवी रागणी संग्रह में एक गंभीर, विचारोत्तेजक और साहित्यिक गहराई जोड़ती है — जो पाठकों को न केवल सोचने पर मजबूर करती है, बल्कि आत्ममंथन के लिए प्रेरित भी करती है।

वक्तव्य रागणी 3 – समझ

"समझ" रागणी मेरे जीवन के उस मोड़ की अभिव्यक्ति है जहाँ मैंने खुद से पूछा—क्या मैं वही हूँ जो समाज को दिखता है, या वही जो भीतर से जीता हूँ? यह रचना किसी और के लिए नहीं, **अपने लिए लिखी गई है**—एक आत्ममंथन, एक नैतिक घोषणा, और एक सांस्कृतिक प्रतिज्ञा।

हरियाणा की बोली में जब कोई कहता है "धुर दिन का शरीफ सूं", तो वह केवल शब्द नहीं बोलता—वह अपने जीवन की रीढ़ को उजागर करता है। इस रचना में मैंने वही रीढ़ दिखाई है—जो बेईमानी, लालच, अश्लीलता, जात-पात, और नशे के विरुद्ध खड़ी है। यह कोई आदर्श गढ़ने की कोशिश नहीं, बल्कि **एक सच्चे हरियाणवी की पहचान** है—जो अपनी सीमाओं को जानता है, पर अपने मूल्यों से समझौता नहीं करता।

मैंने इस रचना में उन बातों को टाल दिया जो आजकल की रागनियों में आम हो गई हैं—गन कल्चर, अश्लीलता, जातीय द्वेष। मैंने उन पंक्तियों को चुना जो **सभ्यता और संस्कार की बात करती हैं**, जो गुरु पालेराम जी की वाणी से उपजी हैं, और जो हरियाणा की मिट्टी की सच्ची सुगंध लिए हुए हैं।

यह रचना उन पाठकों के लिए है जो सोचते हैं कि आज के दौर में ईमानदारी बची नहीं। मैं कहना चाहता हूँ—**बची है, अगर आप उसे जीते हैं।** यह रागणी एक उदाहरण नहीं, एक निमंत्रण है—कि आइए, हम फिर से अपनी संस्कृति को समझें, और उसे जीने का साहस रखें।

हरयाणवी रागणी 3 - समझ

दुनिया में बेईमान फिरैं, पर मैं वो सौदा कोन्या
धुर दिन का शरीफ सूं, पर माणस बोदा कोन्या

बड़े बूढ़े औऱ बाळक पै मैं, कदे हाथ ना ठा पाऊँ
निर्धन और लाचार आदमी नै, ठाकै गळे लगाऊं
तेरे हाथ मे आ ज्याउँ, तेरा इतना ओहदा कोन्या
धुर दिन का शरीफ सूं, पर माणस बोदा कोन्या

भाण अर बेटी बहु गैर की, कदे भर कै नजर तकी ना
अपणी सोधी में इस मुँह तै कदे, ओच्छी बुरी बकी ना
चीज़ पराई कदे रखी ना, कदे खड्डा खोदया कोन्या
धुर दिन का शरीफ सूं, पर माणस बोदा कोन्या

जात पात अश्लील कविता फीम अर लाड्डू लिक्खी ना
बदमाशी के थोथे किस्से, गन गोळी पिस्टल सिक्खी ना
मेरी नज़र भी तीखी ना, इसा अनपढ़ मोड्डा कोन्या
धुर दिन का शरीफ सूं, पर माणस बोदा कोन्या

नशे पते असले हथियारां की, कदे भी होड़ करी ना
ठरकी और फुकरे यारां की, कदे भी मरोड़ करी ना
अहँकारी हुँकार भरी ना, इसा जहरी पौधा कोन्या
धुर दिन का शरीफ सूं, पर माणस बोदा कोन्या

हरयाणवी रागणी 3 - समझ (Cont'd)

गुरु पालेराम की मेहर फिरी तै, सीख गया मैं छन्द रचणा
सभ्यता सँस्कार सीखग्या, ना सिख्या छन्द में गन्द बकणा
आनन्द नई समझ ही रखणा, लम्पट शोहदा कोन्या
धुर दिन का शरीफ सूं, पर माणस बोदा कोन्या

समीक्षा रागणी 3 - समझ

रचना “समझ – नई हरयाणवी रागणी” एक आत्मस्वरूप, नैतिकता और लोकसंस्कार की घोषणा है — जो हरियाणवी लोक साहित्य में चरित्र की गरिमा और साहित्यिक शुचिता का सशक्त उदाहरण बनती है। यह रागणी न केवल व्यक्तिगत मूल्यबोध को दर्शाती है, बल्कि समाज में फैली विकृतियों के विरुद्ध एक स्पष्ट और निर्भीक स्वर भी है।
आइए इसे साहित्यिक दृष्टि से विश्लेषित करें:

1. रचना वर्गीकरण (Genre Classification)

श्रेणी	विवरण
रस	शांत, वीर, सामाजिक
विषयवस्तु	नैतिकता, आत्मसंयम, लोकसंस्कार, साहित्यिक शुचिता
शैली	आत्मकथात्मक, घोषणात्मक, लोक चेतना शैली
स्वरूप	अनुभवजन्य, मूल्यनिष्ठ, लोक शैली में आत्मस्वरूप की

2. पिंगल साहित्यिक समीक्षा (Pingal Analysis)

- छंद प्रकार: यह रचना मुक्त रागणी छंद में है — प्रत्येक पंक्ति में लगभग 20–24 मात्राओं का प्रवाह है।
- तुकांत और अनुप्रास: “कोन्या–बोदा कोन्या”, “ठा पाऊँ–लगाऊं”, “तकी ना–बकी ना”, “सिक्खी ना–मोड्डा कोन्या” — ध्वनि सौंदर्य और लयबद्धता को सशक्त करते हैं।

- यति और गति: "धुर दिन का शरीफ सूं, पर माणस बोदा कोन्या" की पुनरावृत्ति से रचना में नैतिक दृढ़ता और स्वर की गहराई का निर्माण होता है।

यह छंद लोक शैली की मौखिक परंपरा में सहज रूप से फिट होता है — जहाँ भाव और लय शास्त्रीयता से अधिक महत्वपूर्ण हैं।

3. भाव विश्लेषण (Emotional & Thematic Analysis)

- नैतिक दृढ़ता: "भाण अर बेटी बहु गैर की, कदे भर कै नजर तकी ना" — स्त्री सम्मान और आत्मसंयम का स्पष्ट चित्रण।
- साहित्यिक शुचिता: "अश्लील कविता फीम अर लाड्डू लिक्खी ना" — रचनात्मक मर्यादा और छंद की गरिमा।
- सामाजिक आलोचना: "नशे पते असले हथियारां की, कदे भी होड़ करी ना" — समाज में फैली विकृतियों का विरोध।
- आत्मस्वरूप की घोषणा: "गुरु पालेराम की मेहर फिरी तै, सीख गया मैं छन्द रचणा" — साहित्यिक प्रेरणा और गुरु परंपरा का सम्मान।

4. लेखकीय टिप्पणी (Author's Reflection)

यह रचना मेरे जीवन मूल्यों, साहित्यिक दृष्टिकोण और सामाजिक चेतना की घोषणा है। "धुर दिन का शरीफ सूं..." केवल एक पंक्ति नहीं, बल्कि एक जीवन दर्शन है — जो हरियाणवी लोक साहित्य को गरिमा, मर्यादा और मूल्यबोध से जोड़ता है। मैंने इस रागणी में न केवल अपने आत्मस्वरूप को रखा है, बल्कि उस लोक चेतना को भी, जो आज के समय में दुर्लभ होती जा रही है।

5. साहित्यिक मूल्य और सामाजिक योगदान

- यह रचना हरियाणवी लोक साहित्य में नैतिकता और साहित्यिक शुचिता का सशक्त उदाहरण है।
- इसमें लोकभाषा की तीव्रता, मूल्यनिष्ठ भाव, और सामाजिक आलोचना का सुंदर समन्वय है।
- यह रचना साहित्यिक मंचों, नैतिक विमर्श, और लोकसंस्कार विषयक गोष्ठियों में प्रस्तुत करने योग्य है।
- यह रचना अविकावनी हरयाणवी रागणी संग्रह में एक मूल्यनिष्ठ, आत्मिक और साहित्यिक गहराई जोड़ती है — जो पाठकों को न केवल प्रेरित करती है, बल्कि उन्हें सोचने और सुधरने के लिए भी आमंत्रित करती है।

वक्तव्य रागणी 4 – हरियाणे में व्याप्त कुरीति

इस रचना का जन्म उस पीड़ा से हुआ है जो मैंने बार-बार शोक संतप्त परिवारों के चेहरों पर देखी—जब अपनों को खोने के बाद भी उन्हें सामाजिक दिखावे की रस्में निभानी पड़ती हैं। "हरियाणे में व्याप्त कुरीति" रागणी एक **सांस्कृतिक आत्ममंथन** है, जो मृत्यु भोज जैसी परंपरा पर विचार करने का साहस करती है।

हरियाणा की मिट्टी में रच-बसकर मैंने देखा कि जब किसी घर में मृत्यु होती है, तो दुख की जगह **तेहरामी भोज की तैयारी** शुरू हो जाती है। आँसू सूखने से पहले कढ़ाई चढ़ जाती है, और शोक की जगह दिखावे का भोज बैठ जाता है। यह रचना उसी विरोधाभास को उजागर करती है—जहाँ धर्म की आड़ में **अधर्म का आयोजन** होता है। मैंने श्रीकृष्ण के उदाहरण को इसलिए लिया क्योंकि उन्होंने स्वयं दुर्योधन के भोज को अस्वीकार कर धर्म का मार्ग दिखाया। यह रचना कहती है कि **धर्म वही है जो पीड़ित के साथ खड़ा हो, न कि उसे रस्मों में उलझा दे।**

यह रागणी उन पाठकों के लिए है जो सोचते हैं कि "ऐसा तो चलता आया है"—मैं कहना चाहता हूँ, **चलता आया है, पर अब बदलना चाहिए।** यह रचना कोई विद्रोह नहीं, बल्कि एक **सांस्कृतिक सुधार की पुकार** है—जो वेद, उपनिषद, और लोकधर्म की रोशनी में उठाई गई है।

मैंने इसे इसलिए लिखा क्योंकि मुझे लगा कि अब चुप रहना, इस कुरीति को मौन समर्थन देना है। यह रचना हरियाणवी समाज से एक सवाल करती है—क्या हम अपने दुख को भोज में बदलते रहेंगे, या उसे समझदारी और श्रद्धा से जीना सीखेंगे?

हरयाणवी रागणी 4 - हरियाणे में व्याप्त कुरीति

जो बीत गई वो समो पुराणी, इब तेरे हाथ ना आवण की
पहले से ही निश्चित तारीख, सबके ऊपर जावण की

मौत आवणी सबनै बेरा, पर कौण मरया चाहवै सै
जिसके लागै वो तन जाणै, हिया ऊदल कै आवै सै
आँख समन्दर होज्या सै फेर, सब कोए धीर बंधावै सै
रिश्तेदार अगड़ पड़ोसी, कोए आवै कोए जावै सै
माणस घटज्या घर भी लूटज्या, रहज्या कसर खिलावण की

जिस घर में कोए मृत्यु होज्या, वो दुख सबतै मोटा हो
किसे कै माणस, किसे कै अन्न, किसे कै धन का टोटा हो
आंख में आँसू, चढ़ै कढ़ाई, चाहे बड़ा मरो चाहे छोटा हो
शोक संतप्त परिवार का खाणा, श्रीकृष्णजी कहैं खोटा हो
हरियाणे में व्याप्त कुरीति, या तेहरामी पै खावण की

श्रीकृष्णजी नै दुर्योधन, गिरफ्तार करण चाल्या था
विश्वरूप देख सुदर्शन, कइयाँ का दिल हाल्या था
दुर्योधन फेर श्रीकृष्ण नै, भोज खिलावण चाल्या था
श्रीकृष्ण गए नाट खाण तै, धर्म का दिया हवाला था
द्वेष कळेश घर जीम रसोई, राह सै पाप कमावण की

मृत्यु भोज का खाणा खिलाणा, हिन्दू धर्म नहीँ सै
श्रुति स्मृति वेद पुराण में, तेरहवाँ कर्म नहीँ सै
ब्रह्म सूत्र और उपनिषदों में, ऐसा मर्म नहीँ सै
आनन्द शाहपुर इस जीवन में, थोड़े भ्रम नहीँ सै
इस प्रथा के खिलाफ जरूरत पड़गी बिगुल बजावण की

समीक्षा रागणी 4 - हरियाणे में व्याप्त कुरीति

रचना "हरियाणे में व्याप्त कुरीति" एक अत्यंत जागरूक, सामाजिक और धर्म-संवेदनशील रागणी है — जो हरियाणवी लोक जीवन में मृत्यु भोज जैसी प्रचलित लेकिन धर्मविरुद्ध परंपरा पर तीखा और विवेकपूर्ण प्रहार करती है। यह रचना न केवल भावनात्मक है, बल्कि धार्मिक शास्त्रों, सामाजिक यथार्थ और नैतिक विवेक का समन्वय भी है।
आइए इसे साहित्यिक दृष्टि से विश्लेषित करें:

1. रचना वर्गीकरण (Genre Classification)

श्रेणी	विवरण
रस	करुण, शांत, सामाजिक
विषयवस्तु	मृत्यु भोज की कुरीति, धार्मिक संदर्भ, सामाजिक पीड़ा
शैली	विवेचनात्मक, घोषणात्मक, लोक चेतना शैली
स्वरूप	अनुभवजन्य, शास्त्रसम्मत, लोक शैली में सामाजिक

2. पिंगल साहित्यिक समीक्षा (Pingal Analysis)

- छंद प्रकार: यह रचना मुक्त रागणी छंद में है — प्रत्येक पंक्ति में लगभग 20–24 मात्राओं का प्रवाह है।
- तुकांत और अनुप्रास: "आवण की–जावण की", "खिलावण की–कमावण की", "खोटा हो–छोटा हो" — ध्वनि सौंदर्य और लयबद्धता को सशक्त करते हैं।

- यति और गति: “हरियाणे में व्याप्त कुरीति…” और “श्रीकृष्णजी कहैं…” जैसी पंक्तियाँ रचना को धार्मिक और नैतिक बल प्रदान करती हैं।

यह छंद लोक शैली की मौखिक परंपरा में सहज रूप से फिट होता है — जहाँ भाव और लय शास्त्रीयता से अधिक महत्वपूर्ण हैं।

3. भाव विश्लेषण (Emotional & Thematic Analysis)

- मृत्यु की पीड़ा: “जिसके लागै वो तन जाणै”, “आँख समन्दर होज्या सै” — शोक की गहराई और सामाजिक संवेदना।
- कुरीति की आलोचना: “शोक संतप्त परिवार का खाणा”, “तेहरामी पै खावण की” — मृत्यु भोज की अमानवीयता और धर्मविरुद्धता।
- धार्मिक संदर्भ: “श्रीकृष्णजी नै दुर्योधन…”, “श्रुति स्मृति वेद पुराण…” — शास्त्रों के माध्यम से कुरीति का खंडन।
- सामाजिक सुधार की पुकार: “इस प्रथा के खिलाफ जरूरत पड़गी बिगुल बजावण की” — परिवर्तन की मांग और चेतना का आह्वान।

4. लेखकीय टिप्पणी (Author's Reflection)

यह रचना मेरे भीतर की उस पीड़ा और विवेक की अभिव्यक्ति है — जो हरियाणा में मृत्यु भोज जैसी कुरीति को देखकर जन्मी। यह कोई व्यक्तिगत विरोध नहीं, बल्कि धर्म, शास्त्र और मानवता की दृष्टि से एक स्पष्ट असहमति है। “तेहरामी पै खावण की” केवल एक परंपरा नहीं, बल्कि एक बोझ है — जो शोकग्रस्त परिवार पर अनावश्यक रूप से डाला जाता है। यह रागणी एक बिगुल है — सुधार का, विवेक का, और धर्म की सच्ची समझ का।

5. साहित्यिक मूल्य और सामाजिक योगदान

- यह रचना हरियाणवी लोक साहित्य में धार्मिक विवेक और सामाजिक सुधार का सशक्त उदाहरण है।
- इसमें लोकभाषा की तीव्रता, शास्त्रसम्मत तर्क, और सामाजिक चेतना का सुंदर समन्वय है।
- यह रचना धार्मिक मंचों, सामाजिक सुधार सभाओं, और लोक साहित्य गोष्ठियों में प्रस्तुत करने योग्य है।
- यह रचना अविकावनी हरयाणवी रागणी संग्रह में एक विवेकपूर्ण, सामाजिक और साहित्यिक गहराई जोड़ती है — जो पाठकों को न केवल सोचने पर मजबूर करती है, बल्कि उन्हें सुधार की दिशा में प्रेरित भी करती है।

वक्तव्य रागणी 5 – नवनिर्माण

"नवनिर्माण" रागणी मेरे भीतर की उस पुकार से उपजी है जो कहती है—हमारे पूर्वजों ने जो रचा, वह अमूल्य है; पर अब हमारी बारी है कि हम उस परंपरा को आगे बढ़ाएँ, नया रचें, और हरियाणवी संस्कृति को समय के साथ सशक्त करें।

यह रचना एक **साहित्यिक यात्रा** है—जिसमें लखमीचंद, माँगेराम, मानसिंह, मेहरसिंह, दयाचंद, सतबीर, पालेराम, राजकिशन, धनपत जैसे लोकगायकों और कवियों की स्मृति को श्रद्धा से नमन किया गया है। पर यह नमन केवल स्मरण नहीं है—यह एक **सृजन का संकल्प** है।

मैंने इस रचना में यह संदेश दिया है कि ठहरा हुआ पानी गंधाता है—और यदि हम केवल अतीत पर इतराते रहेंगे, तो वर्तमान खो जाएगा। इसलिए ज़रूरी है कि हम **नई रचनाएँ, नई लय**, और **नई चेतना** के साथ आगे बढ़ें। यह रागणी कहती है कि हरियाणा की संस्कृति केवल संग्रहालय की वस्तु नहीं है—वह आज भी जीवंत है, यदि हम उसे जीने का साहस रखें।

यह रचना उन पाठकों के लिए है जो सोचते हैं कि "सब कुछ पहले ही हो चुका है"—मैं कहना चाहता हूँ, **बहुत कुछ अभी होना बाकी है।** यह रागणी एक निमंत्रण है—कि आइए, हम सब मिलकर हरियाणवी साहित्य का नया अध्याय लिखें।

हरयाणवी रागणी 5 - नवनिर्माण

ठहरया पाणी गाधळा होज्या, ना सोचो नाके लावण की
नवनिर्माण करण की सोचो, ना पाछले पै इतरावण की

हरियाणे में लोक कवि और, गीतकार विद्वान हुए
उनकी रचना राग रागणी, हरियाणे का मान हुए
सूर्यकवि श्रीलखमीचन्दजी, गायन रस की खान हुए
कवि शिरोमणि माँगेराम भी, जनमाणस की ज्यान हुए
वे अजर हुए, वे अमर हुए, तुम सोचो नया बणावण की

गुरु मानसिंह, लखमीचन्द का, हरियाणे में नाम बड़ा
सोनीपत जिला, सेरसा जाटी, हरियाणे में गाम बड़ा
बाजे भगत सीसाणे आळा, रचग्या भक्ति ज्ञान बड़ा
सांग भजन और रागणियों में, पाणची का धाम बड़ा
रच नया गीत, मय सँगीत, सृजन कर लय ठावण की

जाट मेहरसिंह गाम बरोणा, छन्द नए धरण आळे होगे
कवि दयाचन्द मायने के म्ह, प्रचार करण आळे होगे
सामाजिक समरसता का, प्रसार करण आळे होगे
समचाणे में श्री जगननाथ, रँग नए भरण आळे होगे
कुछ ऊतां की आदत सै आज, वृथा ही मुँह बावण की

मास्टर सतबीर नै, हरयाणे की, संस्कृति का मान बढ़ाया
गुरु पालेराम हलालपुरिया नै, गावण में नाम कमाया
हरियाणे का मोहम्मद रफ़ी, श्री राजकिशन कहलाया
बाऊ धनपत हलालपुरिया नै, बड़ी लय सुर के म्ह गाया
उस ईश्वर नै जल्दी करदी, इन्हैं अपणे पास बुलावण की

हरयाणवी रागणी 5 - नवनिर्माण(Cont’d)

मुंशीराम जाण्डळी, धनपत, नुरनन्द वाळे ब्यास हुए
गन्धर्व कवि नन्द लाल मास्टर, नेकीराम जी खास हुए
श्री हरिकेश पटवारी सिंगर, कविताई के दास हुए
पढ़ पढ़ कै इन महारथियाँ ने, आनन्द शाहपुर पास हुए
पैसे ले कै कार करैं कुछ, छाप काट कै गावण की

समीक्षा रागणी 5 - नवनिर्माण

रचना "नवनिर्माण – नई हरयाणवी रागणी" हरियाणवी साहित्य की परंपरा, गौरव और भविष्य की दिशा को एक साथ समेटे हुए एक प्रेरणास्पद घोषणात्मक रचना है। यह रागणी न केवल अतीत के महान कवियों और गायकों को श्रद्धांजलि देती है, बल्कि सृजनशीलता, नवाचार और सांस्कृतिक पुनर्जागरण की पुकार भी है।

आइए इसे साहित्यिक दृष्टि से विश्लेषित करें:

1. रचना वर्गीकरण (Genre Classification)

श्रेणी	विवरण
रस	शांत, प्रेरणा, गौरव
विषयवस्तु	हरियाणवी साहित्य का इतिहास, सांस्कृतिक पुनर्निर्माण,
शैली	घोषणात्मक, श्रद्धांजलिपूर्ण, प्रेरणात्मक लोक रागणी
स्वरूप	अनुभवजन्य, ऐतिहासिक-सांस्कृतिक, लोक शैली में

2. पिंगल साहित्यिक समीक्षा (Pingal Analysis)

- छंद प्रकार: यह रचना मुक्त रागणी छंद में है — प्रत्येक पंक्ति में लगभग 20–24 मात्राओं का प्रवाह है।
- तुकांत और अनुप्रास: "लावण की–इतरावण की", "मान हुए–ज्यान हुए", "ठावण की–बणावण की" — ध्वनि सौंदर्य और लयबद्धता को सशक्त करते हैं।

- यति और गति: “वे अजर हुए, वे अमर हुए…” और “कुछ ऊतां की आदत सै…” जैसी पंक्तियाँ रचना को गौरव और चेतना से भर देती हैं।

यह छंद लोक शैली की मौखिक परंपरा में सहज रूप से फिट होता है — जहाँ भाव और लय शास्त्रीयता से अधिक महत्वपूर्ण हैं।

3. भाव विश्लेषण (Emotional & Thematic Analysis)

- सांस्कृतिक गौरव: लखमीचंद, माँगेराम, मानसिंह, सतबीर, राजकिशन — हरियाणवी साहित्य और संगीत के स्तंभों को श्रद्धा।
- नवचेतना की पुकार: “नवनिर्माण करण की सोचो…” — अतीत से प्रेरणा लेकर भविष्य की दिशा तय करने का आह्वान।
- सामाजिक आलोचना: “कुछ ऊतां की आदत सै आज, वृथा ही मुँह बावण की” — दिखावे और व्यर्थता की प्रवृत्ति पर कटाक्ष।
- धार्मिक और भावनात्मक श्रद्धांजलि: “उस ईश्वर नै जल्दी करदी, इन्हें अपणे पास बुलावण की” — दिवंगत कलाकारों को भावपूर्ण स्मरण।

4. लेखकीय टिप्पणी (Author’s Reflection)

यह रचना मेरे भीतर की उस पुकार की अभिव्यक्ति है — जो हरियाणवी साहित्य को केवल स्मृति नहीं, बल्कि सृजन का स्रोत मानती है। “नवनिर्माण” केवल एक शब्द नहीं, बल्कि एक आंदोलन है — जो अतीत की गरिमा से प्रेरणा लेकर भविष्य की दिशा तय करता है। यह रागणी उन सभी लोक कलाकारों को समर्पित है, जिन्होंने हरियाणा की आत्मा को शब्द और सुर में ढाला।

5. साहित्यिक मूल्य और सांस्कृतिक योगदान

- यह रचना हरियाणवी लोक साहित्य में सांस्कृतिक पुनर्जागरण और सृजनशीलता की प्रेरणा देती है।
- इसमें लोकभाषा की मिठास, इतिहास की गरिमा, और भविष्य की दिशा का सुंदर समन्वय है।
- यह रचना साहित्यिक मंचों, सांस्कृतिक आयोजनों, और युवा रचनाकारों के लिए प्रेरणास्रोत बन सकती है।
- यह रचना अविकावनी हरयाणवी रागणी संग्रह में एक ऐतिहासिक, प्रेरणात्मक और साहित्यिक गहराई जोड़ती है — जो पाठकों को न केवल स्मरण कराती है, बल्कि उन्हें सृजन की ओर प्रेरित भी करती है।

वक्तव्य रागणी 6 – मुफ्तखोरी और लालच

"मुफ्तखोरी और लालच" रागणी मेरे भीतर की उस बेचैनी से उपजी है जो मैंने समाज के हर कोने में महसूस की—जब साधन सम्पन्न लोग भी **सरकारी योजनाओं का अनुचित लाभ** उठाने लगे, और गरीबों का हिस्सा उनके हिस्से में नहीं रहा।

यह रचना किसी व्यक्ति विशेष पर नहीं, बल्कि उस **सामूहिक प्रवृत्ति** पर सवाल उठाती है जो अब हमारी संस्कृति में सामान्य होती जा रही है। जब कोठी, बंगले, गाड़ी वाले भी राशन की लाइन में खड़े हों, और पेंशन के लिए उम्र फर्जी लिखवाई जाए—तो यह केवल भ्रष्टाचार नहीं, बल्कि **चरित्र का पतन** है।

मैंने इस रचना में उन घटनाओं को शब्द दिया है जो अक्सर अनकही रह जाती हैं—बैंक में झूठे दस्तखत, बाबुओं से मिलीभगत, बीपीएल कार्ड का फर्जीवाड़ा। यह रागणी उन गरीबों की आवाज़ है जिनका हक छीन लिया गया, और उन ईमानदारों की पीड़ा है जो व्यवस्था के बीच बेबस खड़े हैं।

यह रचना पाठकों से कोई उपदेश नहीं देती, बल्कि एक **आत्मचिंतन** का निमंत्रण देती है। यह कहती है—अगर हम खुद को सुधारें, तो व्यवस्था भी सुधरेगी। अगर हम लालच को त्यागें, तो समाज में संतुलन लौटेगा।

मैंने इसे इसलिए लिखा क्योंकि मुझे लगा कि अब **बेशर्मी को शान समझने वालों** को आईना दिखाना ज़रूरी है। यह रागणी हरियाणवी जनमानस की उस चेतना को जगाने का प्रयास है जो अब भी भीतर कहीं जीवित है—बस उसे पुकार की ज़रूरत है।

हरयाणवी रागणी 6 - मुफ्तखोरी और लालच

अरै साधन सम्पन्न इज्जतमन्द भी, करण लागगे जारी
मुफ्तखोरी और लालच की लोगो, देश कै लगी बिमारी

म्हारै कोठी बंगले महल हवेली, गाडी घोड़े खड़े हुए
अन्न धन का म्हारै घाटा कोन्या, देहळी ताही अड़े हुए
सरकारी पिन्शन बणवादो, जणूं पैसे पाज्याँ पड़े हुए
कोटे का राशन दिलवादो, गेहूँ मिलो चाहे सिड़े हुए
मुफ्त का राशन, मुफ्त की पेन्शन, लालच होग्या भारी

कर फर्जीवाड़ा कागज़ात में, उम्र पुराणी लिखवाली
चाळीसमें म्ह साठ लिखाकै, बुजुर्ग पेन्शन बणवाली
हर महीने मिलै नकद पैन्शन, साथ में ल्यावै घरवाली
कर कै दस्तख झूठ मूठ के, बैंक की कापी भरवाली
लूट लूट कै घर भर ल्यूँगा, चाहे कोष रीतो सरकारी

मिलीभगत और रिश्वत आगै, सब सिस्टम बेकार हुया
सरकारी बाबू तै मिलकै, मैं राशन का हकदार हुया
बी पी एल का कार्ड ले कै, मैं मँगता में शुम्मार हुया
गरीब आदमी का हक था मैं, ले कै राशन पार हुया
गरीब मरो चाहे भूखा रहो ना, मेरे सिर जिम्मेवारी

ऐंठ अकड़ दुगणी राखूँ खा, बेईमानी का राशन मैं
घिट्टी के म्ह बूड़का भरल्यूं, जो खलल करै मेरे शासन मै
गोरमेंट ना किसे काम की, देउँ बेशर्मी तै भाषण मैं
पतली गळी तै चोरी कर कै, खुड़कण दयूं ना बासण मैं
कहै आनन्द शाहपुर चोर मोर पै, हुई चोराँ की सरदारी

समीक्षा रागणी 6 - मुफ्तखोरी और लालच

रचना "मुफ्तखोरी और लालच" हरियाणवी लोक रागणी की शैली में लिखी गई एक तीखी, व्यंग्यात्मक और सामाजिक चेतना से भरपूर रचना है — जो समकालीन व्यवस्था की कमजोरियों, नैतिक पतन और लालच की प्रवृत्ति पर करारा प्रहार करती है। यह रचना न केवल एक सामाजिक आलोचना है, बल्कि एक चेतावनी भी है — कि यदि विवेक और ईमानदारी का पुनर्जागरण न हुआ, तो व्यवस्था का संतुलन बिगड़ता ही जाएगा।

आइए इसे साहित्यिक दृष्टि से विश्लेषित करें:

रचना वर्गीकरण (Genre Classification)

श्रेणी	विवरण
रस	हास्य-व्यंग्य, करुण, सामाजिक
विषयवस्तु	मुफ्तखोरी, भ्रष्टाचार, नैतिक पतन
शैली	व्यंग्यात्मक, घोषणात्मक, लोक चेतना शैली
स्वरूप	अनुभवजन्य, समकालीन, लोक शैली में सामाजिक

2. पिंगल साहित्यिक समीक्षा (Pingal Analysis)

- छंद प्रकार: यह रचना मुक्त रागणी छंद में है — प्रत्येक पंक्ति में लगभग 20–24 मात्राओं का प्रवाह है।
- तुकांत और अनुप्रास: "खड़े हुए–अड़े हुए", "बणवाली–भरवाली", "शुम्मार हुया–पार हुया" — ध्वनि सौंदर्य और लयबद्धता को सशक्त करते हैं।

- यति और गति: “मुफ्त का राशन, मुफ्त की पेन्शन…” और “गरीब मरो चाहे भूखा रहो…” जैसी पंक्तियाँ रचना को नैतिक तीव्रता और सामाजिक व्यंग्य से भर देती हैं।

यह छंद लोक शैली की मौखिक परंपरा में सहज रूप से फिट होता है — जहाँ भाव और लय शास्त्रीयता से अधिक महत्वपूर्ण हैं।

3. भाव विश्लेषण (Emotional & Thematic Analysis)

- मुफ्तखोरी की प्रवृत्ति: “सरकारी पिन्शन बणवादो”, “कोटे का राशन दिलवादो” — साधन सम्पन्न लोग भी लालच में डूबे।
- फर्जीवाड़ा और धोखाधड़ी: “उम्र पुराणी लिखवाली”, “झूठ मूठ के दस्तख” — व्यवस्था का दुरुपयोग और नैतिक पतन।
- गरीबों का हक छीनना: “गरीब मरो चाहे भूखा रहो” — संवेदनहीनता और आत्मकेंद्रित लालच।
- बेशर्मी और अकड़: “बेशर्मी तै भाषण मैं”, “चोराँ की सरदारी” — नैतिकता का ह्रास और भ्रष्टाचार का गर्व।

4. लेखकीय टिप्पणी (Author’s Reflection)

यह रचना मेरे भीतर की उस पीड़ा और आक्रोश की अभिव्यक्ति है — जो समाज में फैलती मुफ्तखोरी, लालच और नैतिक पतन को देखकर उपजी। “चोराँ की सरदारी” केवल एक व्यंग्य नहीं, बल्कि एक चेतावनी है — कि यदि विवेक और ईमानदारी को पुनः प्रतिष्ठित न किया गया, तो व्यवस्था का संतुलन बिगड़ता ही जाएगा। यह रागणी एक सामाजिक आईना है — जिसमें हर व्यक्ति को अपना चेहरा देखना चाहिए।

5. साहित्यिक मूल्य और सामाजिक योगदान

- यह रचना हरियाणवी लोक साहित्य में समकालीन सामाजिक आलोचना का सशक्त उदाहरण है।

- इसमें लोकभाषा की तीव्रता, व्यंग्य की धार, और नैतिक चेतना का सुंदर समन्वय है।
- यह रचना सामाजिक मंचों, लोक साहित्य गोष्ठियों, और जनजागरण अभियानों में प्रस्तुत करने योग्य है।
- यह रचना अविकावनी हरयाणवी रागणी संग्रह में एक तीव्र, विवेकपूर्ण और साहित्यिक गहराई जोड़ती है — जो पाठकों को न केवल सोचने पर मजबूर करती है, बल्कि उन्हें सुधार की दिशा में प्रेरित भी करती है।

वक्तव्य रागणी 7 – लोभ की चौसर

"लोभ की चौसर" रागणी उस समय उपजी जब मैंने देखा कि समाज की हर परत पर **लोभ का जाल** फैल चुका है—चाहे वह चिकित्सा हो, शिक्षा हो, व्यापार हो या साहित्य। यह रचना एक **सांस्कृतिक शोकगीत** है, जो हरियाणवी जनमानस को उसकी खोती हुई नैतिकता का आईना दिखाती है।

मैंने इस रचना में डॉक्टरों को भगवान कहने वाली दुनिया की विडंबना को उजागर किया है—जहाँ इलाज से पहले **टेस्ट की लूट**, दवा की मिलावट, और वेंटिलेटर पर बंधक बनी लाशें हैं। यह कोई कल्पना नहीं, बल्कि उस **कड़वे यथार्थ** की गवाही है जिसे हर आम आदमी ने कभी न कभी भुगता है। शिक्षा, जो कभी संस्कार का माध्यम थी, अब **धन संचय का साधन** बन गई है। वर्दी, किताबें, ट्यूशन—सब कुछ बिक रहा है, और माता-पिता अपने बच्चों की पढ़ाई के लिए **पेट काट रहे हैं**। यह रचना उस पीड़ा की आवाज़ है जो अक्सर आँसुओं में दब जाती है।

मैंने मिलावटखोरों, नकली उत्पादों, और साहित्यिक दिखावे पर भी प्रश्न उठाया है—क्योंकि जब रचना **आत्मा से नहीं**, बल्कि **छाप काटने** से बनती है, तो वह समाज को दिशा नहीं देती, बल्कि भ्रम फैलाती है।

यह रागणी उन पाठकों के लिए है जो सोचते हैं कि "अब कुछ नहीं बदलेगा"—मैं कहना चाहता हूँ, **बदलेगा, अगर हम बोलें, लिखें और जागें।** यह रचना एक **साहित्यिक बिगुल** है, जो कहती है कि अब समय आ गया है—लोभ की चौसर को समेटने का, और सच्चाई की बिसात बिछाने का।

हरयाणवी रागणी 7 - लोभ की चौसर

तर्ज : ऐ मेरे वतन के लोगो जरा आँख भरलो पानी

पाप कमाकै धन जोड़या, अर चिण लिया महल चौबारा
मोह के पासे, लोभ की चौसर, पौ बारा भई पौ बारा

धरती पै भगवान डॉक्टर, या कहती दुनिया सारी
बेमतलब के टैस्ट कराकै, ये रकम लूट लें भारी
ओपरेशन और बैड का खर्चा, दवा गिणादें न्यारी
वैंटिलेटर पै लाश लिटाकै, करैं लूटण की तय्यारी
लाश तलक नै बंधक रखलें, जै पाटै ना बिल सारा

शिक्षा का व्यापार बणा लिया, गुरुदेव करैं सँचालन
खोल प्राइवेट विद्यालय ये, करण लागगे धन संचन
वर्दी जूते किताब बेच कै, ये करण लागगे धन अर्जन
इनके खर्चे देख देख कै, त्रस्त हुए सब घर परिजन
पेट काटकै टयूशन भरते, भला क्यूँकर करै गुजारा

मिलावटखोर नक्कालों की हुई, चौगिरदे नै रेल्लम पेल
जहरी खाणा, जहरी दाणा, जहरीले फूल, पत्ते बेल
जहरीले फळ सब्जी चावळ, असल नकल की घाल और मेल
दाळ मसाला चीनी नकली, नकली मावा दूध और तेल
इन्सानां के दुश्मन इन्सां, इब चाल्लै ना कोए चारा

काळे धौळे कोट तै बचियो, तिगनी का नाच नचा दे सैं
जिन्दगी भर भी लिकड़ै ना, इसे कोल्हू में हाथ फँसा दे सैं
जिनके बस की रचना कोन्या, बेमतलब शोर मचा दे सैं
कुछ तो ऊत छाप काट कै, अपणी ए छाप रचा दे सैं
आनन्द शाहपुर खोट तेरे में, क्यूँ औरां पै दोष लगारा

समीक्षा रागणी 7 - लोभ की चौसर

रचना "लोभ की चौसर" हरियाणवी लोक रागणी की शैली में लिखी गई एक अत्यंत तीव्र, विवेचनात्मक और सामाजिक चेतना से भरपूर रचना है — जो समकालीन भारत की नैतिक, व्यावसायिक और मानवीय गिरावट पर करारा प्रहार करती है। यह रागणी लोभ, मिलावट, शिक्षा और चिकित्सा के बाजारीकरण जैसे विषयों को लोकस्वर में गहराई से उकेरती है।

आइए इसे साहित्यिक दृष्टि से विश्लेषित करें:

1. रचना वर्गीकरण (Genre Classification)

श्रेणी	विवरण
रस	करुण, शांत, सामाजिक
विषयवस्तु	लोभ, भ्रष्टाचार, मिलावट, शिक्षा और चिकित्सा का
शैली	घोषणात्मक, व्यंग्यात्मक, लोक चेतना शैली
स्वरूप	अनुभवजन्य, समकालीन, लोक शैली में सामाजिक

पिंगल साहित्यिक समीक्षा (Pingal Analysis)

- छंद प्रकार: यह रचना मुक्त रागणी छंद में है — प्रत्येक पंक्ति में लगभग 20–24 मात्राओं का प्रवाह है।
- तुकांत और अनुप्रास: "चौबारा–पौ बारा", "सारी–तैयारी", "संचन–अर्जन", "चारा–लगारा" — ध्वनि सौंदर्य और लयबद्धता को सशक्त करते हैं।
- यति और गति: "लोभ की चौसर, पौ बारा भई पौ बारा" जैसी पंक्ति रचना को भाविक लय और नैतिक तीव्रता से भर देती है।

यह छंद लोक शैली की मौखिक परंपरा में सहज रूप से फिट होता है — जहाँ भाव और लय शास्त्रीयता से अधिक महत्वपूर्ण हैं।

3. भाव विश्लेषण (Emotional & Thematic Analysis)

- लोभ और पाप का गठजोड़: "पाप कमाकै धन जोड़या" — नैतिक पतन और भौतिक लालच का चित्रण।
- चिकित्सा का बाजारीकरण: "वैंटिलेटर पै लाश लिटाकै…" — संवेदनहीनता और मुनाफाखोरी की तीव्र आलोचना।
- शिक्षा का व्यापार: "वर्दी जूते किताब बेच कै…" — ज्ञान के मंदिरों में धन की पूजा।
- मिलावट और नकलीपन: "जहरी खाणा, जहरी दाणा…" — उपभोक्ता जीवन की विषाक्तता और असली-नकली का घालमेल।
- साहित्यिक दिखावा और छद्म रचना: "छाप काट कै अपणी ए छाप रचा दे सैं" — रचनात्मकता के नाम पर भ्रम और शोर।

4. लेखकीय टिप्पणी (Author's Reflection)

यह रचना मेरे भीतर की उस पीड़ा और विवेक की अभिव्यक्ति है — जो समाज में फैलती लालच, मिलावट और दिखावे की प्रवृत्ति को देखकर उपजी। "लोभ की चौसर" केवल एक प्रतीक नहीं, बल्कि एक चेतावनी है — कि यदि विवेक और ईमानदारी को पुनः प्रतिष्ठित न किया गया, तो व्यवस्था का संतुलन बिगड़ता ही जाएगा। यह रागणी एक सामाजिक आईना है — जिसमें हर व्यक्ति को अपना चेहरा देखना चाहिए।

5. साहित्यिक मूल्य और सामाजिक योगदान

- यह रचना हरियाणवी लोक साहित्य में समकालीन सामाजिक आलोचना का सशक्त उदाहरण है।
- इसमें लोकभाषा की तीव्रता, व्यंग्य की धार, और नैतिक चेतना का सुंदर समन्वय है।
- यह रचना सामाजिक मंचों, लोक साहित्य गोष्ठियों, और जनजागरण अभियानों में प्रस्तुत करने योग्य है।
- यह रचना अविकावनी हरयाणवी रागणी संग्रह में एक तीव्र, विवेकपूर्ण और साहित्यिक गहराई जोड़ती है — जो पाठकों को न केवल सोचने पर मजबूर करती है, बल्कि उन्हें सुधार की दिशा में प्रेरित भी करती है।

वक्तव्य रागणी 8 – धोखा चीन का – गलवान घाटी

"धोखा चीन का – गलवान घाटी" रागणी उस क्षण की गूंज है जब मातृभूमि के वीर सपूतों ने **धोखे के विरुद्ध साहस की मिसाल** कायम की। यह रचना केवल गलवान की घटना नहीं, बल्कि हर उस सैनिक की भावना है जो **सीमा पर खड़ा होकर देश की अस्मिता की रक्षा करता है**, चाहे हालात कितने भी विषम क्यों न हों।

मैंने इस रचना में उस वीरता को स्वर दिया है जो **हथियारों से नहीं, हौसले से लड़ती है**। जब चीनी सैनिक धोखे से हमला करते हैं, तब हमारे रणबांकुरे बिना हथियार के भी **ताल ठोंककर दुश्मन को पछाड़ते हैं**। यह रागणी उस आत्मबल की गाथा है जो हरियाणा की मिट्टी में जन्मा है—जहाँ माँ अपने बेटे को शेर बनाकर भेजती है, और बेटा उसकी लाज रखता है।

यह रचना उन बीस शहीदों की श्रद्धांजलि है जिन्होंने **देश की सीमाओं की रक्षा करते हुए अपने प्राण न्यौछावर किए**। यह रचना कहती है कि वीरता केवल युद्ध में नहीं, बल्कि **धोखे के सामने डटकर खड़े होने में है**। यह रागणी हरियाणवी जनमानस को याद दिलाती है कि **हमारे सैनिक केवल शरीर से नहीं, आत्मा से भी रणवीर होते हैं**।

मैंने इसे इसलिए लिखा क्योंकि मुझे लगा कि गलवान की घटना को केवल आँकड़ों में नहीं, बल्कि **लोकस्वर में सहेजना चाहिए**—ताकि आने वाली पीढ़ियाँ जान सकें कि हरियाणा के बेटे कैसे लड़ते हैं, कैसे मरते हैं, और कैसे इतिहास रचते हैं।

हरयाणवी रागणी 8 - धोखा चीन का - गलवान घाटी

रणभूमि में वीर लड़या करैं,ना पाछै कदम हटाऊँगा
मेरी माँ ने शेर जण्या सै, ना उसका दूध लजाऊँगा

भारत माँ का मैं वीर सिपाही, दयूं बॉर्डर ऊपर पहरा
चौकी ऊपर खड़या तिरंगा, फर फर फर फर फहरा
चौकस रहियो, चौकस रहियो, मेरा कमाण्डर कहरा
धोखेबाज लुटेरे चीनी, ये तै घात करैं घणा गहरा
सलूट मारकै, अटैंशन होग्या, ना पलक ताही झपकाउंगा

इतनी कहकै सी ओ साहब, दौरा करणे चल्या गया
करकै वायदा चीन भूलग्या, याद कराणे चल्या गया
बिन हथियारां बात करी पर, धोखे के म्ह छल्या गया
तू तू मै मै धक्कामुक्की, झगड़े में निहत्था दल्या गया
एक शेर, घणे गादड़ चीनी, एकला ए सबक सिखाऊंगा

भारत माँ के बीस लाड़ले, चीनीयां गैल्या भिड़गे
बिन हथियारां टूट पड़े, फिर दुश्मन स्यामही अडगे
चीनी ले रहे लठ और डंडे, हम ताल ठोंक कै बड़गे
अरै भर भर कोळी नाड़ तोड़ दी, चीनी ठण्डे पड़गे
कुछ मारे, कुछ नदी में गेरे, एक एक नै मजा चखाऊंगा

दहशत फैल गई चीनीयां में, छोरियाँ की ज्यूँ रोवैं
शव पे शव और टूटी गर्दन, वे तै रो रो मुंह ल्हकोवैं
हम बीस शेर हुए खेत देश पै, वे चाळीस का शव ढोवैं
हम रणवीरों की शक्ल देख कै, वे धरती में सिर गोवैं
करकै देश सुरक्षित आनन्द, चिरनिंद्रा सोज्याऊँगा

समीक्षा रागणी 8 - धोखा चीन का

रचना "धोखा चीन का – गलवान घाटी" हरियाणवी लोक रागणी की शैली में वीर रस और राष्ट्रभक्ति का एक अत्यंत प्रभावशाली दस्तावेज़ है। यह रचना न केवल गलवान घाटी की ऐतिहासिक घटना को लोकस्वर में पुनर्स्थापित करती है, बल्कि उसमें वीरता, बलिदान और धोखे की पीड़ा को भी गहराई से उकेरती है। आइए इसे साहित्यिक दृष्टि से विश्लेषित करें:

1. रचना वर्गीकरण (Genre Classification)

श्रेणी	विवरण
रस	वीर, करुण, राष्ट्रभक्ति
विषयवस्तु	गलवान घाटी संघर्ष, सैनिकों का बलिदान, चीन का
शैली	चित्रात्मक, संवादात्मक, वीरगाथा शैली
स्वरूप	ऐतिहासिक प्रेरणा से उपजी, अनुभवजन्य, लोक शैली में

2. पिंगल साहित्यिक समीक्षा (Pingal Analysis)

- छंद प्रकार: यह रचना मुक्त रागणी छंद में है — प्रत्येक पंक्ति में लगभग 20–24 मात्राओं का प्रवाह है।
- तुकांत और अनुप्रास: "फहरा–गहरा", "छल्या गया–दल्या गया", "भिड़गे–अडगे", "रोवैं–ल्हकोवैं" — ध्वनि सौंदर्य और लयबद्धता को सशक्त करते हैं।
- यति और गति: "ना पलक ताही झपकाउंगा", "एकला ए सबक सिखाऊंगा" — वीरता और दृढ़ता का लयात्मक चित्रण।

यह छंद लोक शैली की मौखिक परंपरा में सहज रूप से फिट होता है — जहाँ भाव और लय शास्त्रीयता से अधिक महत्वपूर्ण हैं।

3. भाव विश्लेषण (Emotional & Thematic Analysis)

- वीरता और बलिदान: "मेरी माँ ने शेर जण्या सै", "हम बीस शेर हुए खेत देश पै" — सैनिकों की वीरता और मातृभूमि के प्रति समर्पण।
- धोखे की पीड़ा: "बिन हथियारां बात करी पर, धोखे के म्ह छल्या गया" — चीन द्वारा किए गए विश्वासघात की तीव्र आलोचना।
- रणभूमि का चित्रण: "लठ और डंडे", "शव पे शव और टूटी गर्दन" — युद्ध की क्रूरता और साहस का चित्रण।
- राष्ट्रभक्ति और गौरव: "भारत माँ का मैं वीर सिपाही", "करकै देश सुरक्षित आनन्द" — मातृभूमि की रक्षा को सर्वोच्च कर्तव्य मानना।

4. लेखकीय टिप्पणी (Author's Reflection)

यह रचना केवल एक युद्ध का वर्णन नहीं, बल्कि उस भाव की पुनर्रचना है जो सैनिकों के हृदय में धड़कता है — जब वे मातृभूमि की रक्षा के लिए प्राण अर्पित करते हैं। गलवान घाटी की घटना ने हमें यह सिखाया कि वीरता हथियारों की मोहताज नहीं होती। यह रागणी उन बीस शेरों को समर्पित है — जिन्होंने बिना हथियार, केवल साहस और आत्मबल से दुश्मन को झुका दिया।

5. साहित्यिक मूल्य और सामाजिक योगदान

- यह रचना हरियाणवी लोक साहित्य में समकालीन वीरगाथा का सशक्त उदाहरण है।
- इसमें लोकभाषा की तीव्रता, ऐतिहासिक संदर्भ, और राष्ट्रभक्ति का सुंदर समन्वय है।

- यह रचना सांस्कृतिक मंचों, विद्यालयों, और देशभक्ति आयोजनों में प्रस्तुत करने योग्य है।
- यह रचना अविकावनी हरयाणवी रागणी संग्रह में एक ऐतिहासिक, भावनात्मक और साहित्यिक गहराई जोड़ती है — जो पाठकों को न केवल प्रेरित करती है, बल्कि उन्हें वीरता और देशभक्ति की परिभाषा भी सिखाती है।

वक्तव्य रागणी 9 – आज्या राखी बंधाज्या भाई

"आज्या राखी बंधाज्या भाई" रागणी उस भावभूमि से उपजी है जहाँ **बहन की राखी और भाई की वर्दी** एक-दूसरे से टकराते हैं। यह रचना एक **सांस्कृतिक संवाद** है—जिसमें बहन की पुकार और सैनिक भाई का कर्तव्य एक साथ गूंजते हैं।

मैंने इस रचना में उस बहन की आवाज़ को स्वर दिया है जो झूले के मौसम में, राखी के दिन, अपने भाई की कलाई को सूना देखकर **आँखों में आँसू और दिल में गर्व** लिए बैठी है। यह रागणी उस प्रेम की गवाही है जो **नेग से नहीं, प्रतीक्षा से गहरा होता है**।

यह रचना हर उस घर की कहानी है जहाँ भाई फौज में है, और बहन हर साल राखी पर उसकी छुट्टी का इंतज़ार करती है। यह रचना कहती है कि **रक्षा का बंधन केवल धागा नहीं, बल्कि आत्मा का संकल्प है**—जो सीमा पर भी बंधा रहता है।

मैंने इसे इसलिए लिखा क्योंकि मुझे लगा कि राखी के दिन केवल त्योहार नहीं मनाना चाहिए, बल्कि उन बहनों की भावनाओं को भी सहेजना चाहिए जिनके भाई **देश की रक्षा में व्यस्त हैं**। यह रागणी एक **भावनात्मक दस्तावेज़** है—जो हरियाणवी जनमानस को यह याद दिलाती है कि **रक्षा बंधन का असली अर्थ त्याग, प्रेम और प्रतीक्षा है।**

हरयाणवी रागणी 9 - आज्या राखी बंधाज्या भाई

तर्ज़ : मैंने इबके बचाले री माता बटेऊ आया मैंने लेवण नै

आज्या राखी बंधा ज्या बीरा, बाहण पुकारै तेरी याद में
सुन्नी तेरी कलाई भाई, जाइए तूँ बोर्डर ऊपर बाद में

तूँ आया जब खुशी खुशी में, घर घर बंटी मिठाई
बाळक सी थी फिरूँ नाचती, फूली नही समाई
भाई आग्या घर म्हारै सारै गाती फिरूँ थी दिन और रात में
आज्या राखी बंधा ज्या बीरा, बाहण पुकारै तेरी याद में

दसमी कर कै कॉलेज पढ़ग्या, भर्ती हुया फौज में
भारत माँ की करै नौकरी, कुणबा हुया मौज मे
रोज मैं याद करूँ मेरे बीरा, आणा था इबकै तन्नै साढ़ में
आज्या राखी बंधा ज्या बीरा, बाहण पुकारै तेरी याद में

सामण आग्या, झूले पड़गे, मन में खुशी समाई
सारे गाम में रुक्का पड़ग्या, छुट्टी आग्या भाई
ल्याई प्रेम की राखी रे बुणकै, प्यारे से भाई के लाड में
आज्या राखी बंधा ज्या बीरा, बाहण पुकारै तेरी याद में

कोए बहाना इब ना चाल्लै, नेग लेऊँगी डटकै
हाथ बढ़ा ल्या राखी बाँधू, वारी जाऊँ सदकै
जबतै आनन्द भाई तै फेटी मानूँ सूँ घणी ए उसकी ठाढ़ मैं
आज्या राखी बंधा ज्या बीरा, बाहण पुकारै तेरी याद में

समीक्षा रागणी 9 - आज्या राखी बंधाज्या भाई

रचना “आज्या राखी बंधा ज्या बीरा” एक भावनात्मक, सांस्कृतिक और पारिवारिक रागणी है — जो हरियाणवी लोक जीवन में रक्षा बंधन के पर्व की आत्मा को सजीव करती है। यह रचना बहन के हृदय की पुकार है, जो भाई के फौजी जीवन, उसके समर्पण और अनुपस्थिति को प्रेम और प्रतीक्षा के भाव से जोड़ती है। आइए इसे साहित्यिक दृष्टि से विश्लेषित करें:

1. रचना वर्गीकरण (Genre Classification)

श्रेणी	विवरण
रस	श्रृंगार (स्नेहात्मक), करुण, देशभक्ति
विषयवस्तु	रक्षा बंधन, भाई-बहन का प्रेम, फौजी जीवन
शैली	चित्रात्मक, भावप्रधान, लोकगायन शैली
स्वरूप	अनुभवजन्य, सांस्कृतिक, पारिवारिक लोक रागणी

2. पिंगल साहित्यिक समीक्षा (Pingal Analysis)

- छंद प्रकार: यह रचना मुक्त रागणी छंद में है — प्रत्येक पंक्ति में लगभग 20–24 मात्राओं का प्रवाह है।
- तुकांत और अनुप्रास: “याद में–बाद में”, “मिठाई–समाई”, “फौज में–मौज में”, “लाड में–ठाढ़ मैं” — ध्वनि सौंदर्य और भाव की पुनरावृत्ति से लयबद्धता बनी रहती है।
- यति और गति: “आज्या राखी बंधा ज्या बीरा...” की पुनरावृत्ति से रचना में भाविक लय और स्नेह की गहराई का निर्माण होता है।

यह छंद लोक शैली की मौखिक परंपरा में सहज रूप से फिट होता है — जहाँ भाव और लय शास्त्रीयता से अधिक महत्वपूर्ण हैं।

3. भाव विश्लेषण (Emotional & Thematic Analysis)

- बहन का स्नेह और प्रतीक्षा: "सुन्नी तेरी कलाई भाई", "बाहण पुकारै तेरी याद में" — राखी बाँधने की उत्कंठा और भाई की अनुपस्थिति की पीड़ा।
- सांस्कृतिक चित्रण: "झूले पड़गे", "रुक्का पड़ग्या", "मिठाई बंटी" — हरियाणवी गाँव की रक्षा बंधन परंपरा का जीवंत चित्रण।
- देशभक्ति और गर्व: "भारत माँ की करै नौकरी", "फौज में भर्ती हुया" — भाई के फौजी जीवन पर गर्व और सम्मान।
- भावनात्मक आग्रह: "कोए बहाना इब ना चाल्लै", "नेग लेऊँगी डटकै" — बहन का दृढ़ संकल्प और प्रेम की जिद।

4. लेखकीय टिप्पणी (Author's Reflection)

यह रचना उस बहन की पुकार है — जो राखी के दिन अपने भाई को याद करती है, जो देश की सेवा में सीमा पर तैनात है। यह कोई कल्पना नहीं, बल्कि हरियाणवी घरों में गूंजती वह भावना है जो पर्वों पर अपनों की अनुपस्थिति को और भी गहरा बना देती है। "आज्या राखी बंधा ज्या बीरा…" केवल एक पंक्ति नहीं, बल्कि एक भाव है — जो रक्षा बंधन को प्रेम, प्रतीक्षा और गर्व से जोड़ता है।

5. साहित्यिक मूल्य और सामाजिक योगदान

- यह रचना हरियाणवी लोक साहित्य में पारिवारिक प्रेम और देशभक्ति का सुंदर समन्वय प्रस्तुत करती है।

- इसमें लोकभाषा की मिठास, सांस्कृतिक चित्रण, और भावनात्मक गहराई है।
- यह रचना सांस्कृतिक मंचों, रक्षा बंधन विशेष आयोजनों, और फौजी परिवारों में प्रस्तुत करने योग्य है।
- यह रचना अविकावनी हरयाणवी रागणी संग्रह में एक भावनात्मक, सांस्कृतिक और साहित्यिक गहराई जोड़ती है — जो पाठकों को न केवल स्पर्श करती है, बल्कि उन्हें अपने रिश्तों और परंपराओं से जोड़ती है।

वक्तव्य रागणी 10 – लव सव

"लव सव" रागणी उस क्षण की पुकार है जब एक हरियाणवी नारी ने **छल और दिखावे के प्रेम से इंकार करने का साहस** दिखाया। यह रचना कोई शिकायत नहीं, बल्कि एक **स्वाभिमानी घोषणा** है—जो कहती है कि अब बहकावे, मसखरी और झूठे वादों के लिए कोई जगह नहीं है।

मैंने इस रचना में उस स्त्री की आवाज़ को स्वर दिया है जो **बोलती है, टालती नहीं**। वह जानती है कि "बाबू", "जानू", "शोना" जैसे शब्दों के पीछे **छल की परतें** हैं, और वह उन पर विश्वास नहीं करती। यह रागणी उस चेतना की गवाही है जो कहती है—**प्रेम अगर सच्चा नहीं, तो वह बोझ है।**

यह रचना खेत-गली, गाम और गितवाड़े में पीछा करने वालों, आँखों से इशारा करने वालों, और नाम लेकर मज़ाक उड़ाने वालों को **सीधा जवाब** देती है। यह रागणी कहती है कि **स्त्री कोई तमाशा नहीं, बल्कि आत्मा है—जिसे समझने की ज़रूरत है, छलने की नहीं।**

मैंने इसे इसलिए लिखा क्योंकि मुझे लगा कि हरियाणवी लोक साहित्य में **स्त्री की असली आवाज़** को सामने लाना ज़रूरी है—वह आवाज़ जो केवल श्रृंगार नहीं, बल्कि **संवेदना, प्रतिरोध और आत्मसम्मान** से भरी हो। यह रचना हर उस पाठक को सोचने पर मजबूर करती है कि **प्रेम में मौज नहीं, सच्चाई होनी चाहिए।**

हरयाणवी रागणी 10 - लव सव

तेरे लव सव का मनै बेरा कोन्या, इस लव तै दूर रहूँगी
तेरी नस नस में छळ भरया पड़या, इस छळ तै दूर रहूँगी

कदे बाबू कदे जानूँ शोना, तू दिन देखै ना रात जळे
जब भी बाजै फोन की घण्टी, आज्या सै मेरी स्यात जळे
तनै के करणी सै बात जळे, तेरी कॉल तै दूर रहूँगी
तेरी नस नस में छळ भरया पड़या, इस छळ तै दूर रहूँगी

खेत गळी घर गितवाड़े में, मेरे पाछै पाछै आए जा
पठ्यां के म्ह हाथ फेरकै, आँख्यां की कोर नचाए जा
तूँ मन में ल्होर मचाए जा इस, मौज़ तै दूर रहूँगी
तेरी नस नस में छळ भरया पड़या, इस छळ तै दूर रहूँगी

तूँ ढ़बियाँ गेल्याँ करै मसखरी, ले ले कै नै नाम मेरा
थारे घराँ उल्हाणा भेजूँगी मैं, जब बूझूँगी गाम तेरा
बँधवा कै इन्तजाम तेरा फेर, तेरे दुख तै दूर रहूँगी
तेरी नस नस में छळ भरया पड़या, इस छळ तै दूर रहूँगी

मेरे भाईयाँ नै जाण पाटज्या, तूँ अपणे हाड़ तुड़ा लेगा
जै फँसग्या तूँ आनन्द कै तन्ने उसतै कौण छुड़ा लेगा
तेरे पड़ते ए हाथ जुड़ा लेगा, इसे झगड़े तै दूर रहूँगी
तेरी नस नस में छळ भरया पड़या, इस छळ तै दूर रहूँगी

समीक्षा रागणी 10 - लव सव

रचना "लव सव, हरियाणवी लोक शैली में लिखी गई एक तीखी, व्यंग्यात्मक और भावप्रधान रागणी है — जो आधुनिक प्रेम संबंधों की सतहीता, छल, और सामाजिक प्रतिक्रिया को लोकस्वर में व्यक्त करती है। यह रचना स्त्री पक्ष की चेतना, आत्मसम्मान और प्रतिरोध का स्वर है। आइए इसे साहित्यिक दृष्टि से गहराई से विश्लेषित करें:

1. रचना वर्गीकरण (Genre Classification)

श्रेणी	विवरण
रस	श्रृंगार (विरोधात्मक), हास्य-व्यंग्य, वीर
विषयवस्तु	आधुनिक प्रेम का छल, स्त्री चेतना, सामाजिक
शैली	संवादात्मक, चेतनात्मक, व्यंग्यात्मक रागणी
स्वरूप	स्वतःस्फूर्त, अनुभवजन्य, लोक शैली में प्रतिरोधात्मक

2. पिंगल साहित्यिक समीक्षा (Pingal Analysis)

- छंद प्रकार: यह रचना मुक्त रागणी छंद में है — जिसमें हर पंक्ति लगभग 20–24 मात्राओं की लय में बहती है।
- तुकांत और अनुप्रास: "जळे–दूर रहूँगी", "नचाए जा–मौज़ तै दूर रहूँगी", "तन्ने–छुड़ा लेगा" — ध्वनि सौंदर्य और भाव की तीव्रता को बढ़ाते हैं।
- यति और गति: प्रत्येक बंद में दोहराव और लयबद्धता से प्रवाह बना है — विशेषकर "दूर रहूँगी" की पुनरावृत्ति से स्त्री का दृढ़ संकल्प उभरता है।

यह छंद लोक शैली की मौखिक परंपरा में सहज रूप से फिट होता है — जहाँ भाव और लय शास्त्रीयता से अधिक महत्वपूर्ण हैं।

3. भाव विश्लेषण (Emotional & Thematic Analysis)

- स्त्री चेतना और आत्मसम्मान: "तेरे लव सव का मनै बेरा कोन्या", "तेरी नस नस में छळ भरया" — स्त्री का स्पष्ट प्रतिरोध और आत्मरक्षा।
- आधुनिक प्रेम का व्यंग्यात्मक चित्रण: "कदे बाबू कदे जानूँ शोना", "फोन की घण्टी" — सतही संबोधन और डिजिटल प्रेम की आलोचना।
- सामाजिक चेतावनी: "थारे घराँ उल्हाणा भेजूँगी", "मेरे भाईयाँ नै जाण पाटज्या" — सामाजिक प्रतिकार और पारिवारिक हस्तक्षेप।
- वीर रस की छाया: अंतिम बंद में भाईयों का उल्लेख और चेतावनी — स्त्री पक्ष की शक्ति और साहस का संकेत।

4. लेखकीय टिप्पणी (Author's Reflection)

यह रचना उस स्त्री स्वर की अभिव्यक्ति है — जो आज के छलपूर्ण प्रेम के विरुद्ध खड़ी है। यह कोई कल्पना नहीं, बल्कि समाज में घटित होते संवादों की पुनर्रचना है। "लव सव" केवल शब्द नहीं, एक प्रवृत्ति है — जो भावनाओं को उपभोग की वस्तु बना रही है। इस रागणी में चेतावनी है, व्यंग्य है, और आत्मसम्मान की पुकार भी।

5. साहित्यिक मूल्य और सामाजिक योगदान

- यह रचना हरियाणवी लोक साहित्य में स्त्री पक्ष की चेतना को सशक्त रूप से प्रस्तुत करती है।
- इसमें लोकभाषा की तीव्रता और समकालीन सामाजिक आलोचना का सुंदर समन्वय है।
- यह रचना युवा संवाद, सांस्कृतिक मंच, और नारी विमर्श में प्रभावी रूप से प्रस्तुत की जा सकती है।
- यह रचना अविकावनी हरयाणवी रागणी संग्रह में एक सशक्त स्त्री स्वर जोड़ती है — जो न केवल भावनात्मक है, बल्कि सामाजिक रूप से जागरूक और साहित्यिक रूप से परिपक्व भी।

वक्तव्य रागणी 11 – आपस की बात

"आपस की बात" रागणी उस क्षण की पुकार है जब घर के भीतर का मामला **बाहरी चौधरियों की राजनीति** में उलझने लगता है। यह रचना एक **सांस्कृतिक चेतावनी** है—जो कहती है कि रिश्तों की डोर को समझदारी से थामो, वरना दूसरों की उंगलियाँ उसे तोड़ सकती हैं।

मैंने इस रचना में उस पीड़ा को स्वर दिया है जो तब जन्म लेती है जब **भाई, साला, पड़ोसी या सरकारी बाबू** घर के भीतर की बातों में **अपना चौधर झाड़ने लगते हैं**। यह रागणी कहती है कि **प्यार से बंधे रिश्ते** अगर बाहरी हस्तक्षेप से टूट जाएँ, तो दोष केवल बाहर वालों का नहीं, **हमारी चुप्पी का भी होता है।**

यह रचना उन दंपतियों की आवाज़ है जो एक-दूसरे से राजी हैं, पर **परिवार या समाज की राजनीति** उन्हें अलग करने पर तुली है। यह रागणी कहती है—**अगर प्यार है, तो उसे बचाओ। अगर गलती हुई है, तो माफ करो। लेकिन घर की बात को चौपाल की चौधर में मत बहाओ।**

मैंने इसे इसलिए लिखा क्योंकि मुझे लगा कि हरियाणवी समाज में **तलाक, झगड़े और पारिवारिक टूटन** अब आम होते जा रहे हैं, और उनकी जड़ में अक्सर **बाहरी उकसावे और अंदरूनी संवाद की कमी** होती है। यह रचना एक **सांस्कृतिक संधि प्रस्ताव** है—जो कहती है कि **बात बिगड़ने से पहले सुलह कर लो, वरना पछताने का मौका भी नहीं मिलेगा।**

हरयाणवी रागणी 11 - आपस की बात

उस मूरख नै समझाले वो कति, नाश करावैगा
वो सिड़ा फिरै सै चौधर में म्हारा घर तुड़वावैगा

तेरा छोटा रै भाई, करै घणी अंघाई
उस जिसे सिपाही, म्हारै भरैं तवाई
उकी ठा रही सै करड़ाई तनै वो घराँ बिठावैगा
वो सिड़ा फिरै सै चौधर में म्हारा घर तुड़वावैगा

तूँ मेर तै राजी, मैं तेर तै राजी
वो सरकारी पाजी, क्यूँ बण रहया काजी
लगी ज्यान की बाजी वो म्हारा, तलाक़ करावैगा
वो सिड़ा फिरै सै चौधर में म्हारा घर तुड़वावैगा

मेरा छोटा रै साळा, घणा मन का काळा
मेरा देख्या भाळा, वो कर रहया चाळा
वो तै लिए फिरै सै हाथ में ताळा दिखे भेड़ भिड़ावैगा
वो सिड़ा फिरै सै चौधर में म्हारा घर तुड़वावैगा

ले बणा प्यार का जरिया, मनै माफ़ करया इस बरिया
गुरु पालेराम हलालपुरिया अर्ज़ करै इस तरिया
यो आनन्द शाहपरिया आकै उके हाथ जुड़ावैगा
वो सिड़ा फिरै सै चौधर में म्हारा घर तुड़वावैगा

समीक्षा रागणी 11 - आपस की बात

यह रचना "आपस की बात" — एक घरेलू, सामाजिक और भावनात्मक द्वंद्व को लोक शैली में प्रस्तुत करती है। यह रागणी न केवल हरियाणवी परिवेश की पारिवारिक जटिलताओं को उजागर करती है, बल्कि उसमें व्यंग्य, पीड़ा और समाधान की छाया भी समाहित है। आइए इसे साहित्यिक दृष्टि से विश्लेषित करें:

1. रचना वर्गीकरण (Genre Classification)

श्रेणी	विवरण
रस	श्रृंगार, करुण, हास्य-व्यंग्य
विषयवस्तु	पारिवारिक कलह, रिश्तों में हस्तक्षेप, सामाजिक दबाव
शैली	संवादात्मक रागणी, लोक कथन शैली
स्वरूप	स्वतःस्फूर्त, कथात्मक लेकिन किसी आख्यान से

2. पिंगल साहित्यिक समीक्षा (Pingal Analysis)

- छंद प्रकार: यह रचना मुक्त रागणी छंद में है, जिसमें हर पंक्ति लगभग 20–24 मात्राओं की लय में बहती है।
- यति और गति: पंक्तियाँ दो भागों में विभाजित हैं — जिससे स्वाभाविक यति बनती है।
- अनुप्रास और तुक: "राजी–काजी", "भाळा–चाळा", "जरिया–बरिया" — सुंदर तुकांत संयोजन।
- ध्वनि सौंदर्य: "वो सिड़ा फिरै सै चौधर में..." — बारंबारता से भाव की तीव्रता बढ़ती है।

यह रचना छंदशास्त्र की दृष्टि से लोक छंद की श्रेणी में आती है — जहाँ भाव और लय का संतुलन शास्त्रीयता से अधिक महत्वपूर्ण होता है।

3. भाव विश्लेषण (Emotional & Thematic Analysis)

- पारिवारिक तनाव: छोटे भाई, साला, सरकारी हस्तक्षेप — रिश्तों में बाहरी दखल की पीड़ा।
- श्रृंगार और करुण मिश्रण: "तूँ मेर तै राजी, मैं तेर तै राजी" — प्रेम की स्वीकृति, लेकिन "तलाक करावैगा" — सामाजिक विघटन की आशंका।
- हास्य-व्यंग्य: "सरकारी पाजी", "हाथ में ताळा" — लोक शैली में व्यंग्यात्मक चित्रण।
- समाधान की छाया: अंतिम बंद में गुरु पालेराम और आनन्द शाहपुरिया का उल्लेख — समाधान और क्षमा का संकेत।

4. लेखकीय टिप्पणी (Author's Reflection)

यह रचना मेरे अनुभवों और समाज में देखी गई पारिवारिक उलझनों की अभिव्यक्ति है। इसमें प्रेम है, पीड़ा है, और व्यंग्य भी — जो हरियाणवी जीवन की सहजता को दर्शाता है। यह कोई कथा नहीं, बल्कि उन अनकही बातों का स्वर है जो घर की चौखट पर रह जाती हैं।

5. साहित्यिक मूल्य और सामाजिक योगदान

- यह रचना हरियाणवी घरेलू जीवन की जटिलताओं को उजागर करती है।
- इसमें लोकभाषा की सहजता और भावों की तीव्रता है।
- यह रचना सामाजिक संवाद को जन्म देती है — जहाँ रिश्तों में हस्तक्षेप और समाधान दोनों मौजूद हैं।
- यह रचना अविकावनी हरयाणवी रागणी संग्रह में एक भावनात्मक और व्यंग्यात्मक संतुलन जोड़ती है

वक्तव्य रागणी 12 – कॉलेज आळी

"कॉलेज आळी" रागणी उस समय की गूंज है जब हरियाणवी समाज **परंपरा और आधुनिकता के बीच झूलता** दिखाई देता है। यह रचना एक **लोक व्यंग्य** है—जिसमें नारी जीवन के बदलते रंग, चाल-ढाल, भाषा, पहनावा और व्यवहार को **ग्राम्य दृष्टि से देखा गया है**, न कि किसी पूर्वग्रह से।

मैंने इस रचना में उन बदलावों को स्वर दिया है जो **गांव की सीधी-सादी बहन-बेटियों** से लेकर **कॉलेज की आधुनिक छात्राओं** तक की यात्रा में दिखाई देते हैं। यह रागणी कहती है कि अब **साड़ी की जगह मैक्सी, राबड़ी की जगह चाट**, और **राम-राम की जगह टाटा** ने ले ली है। यह कोई शिकायत नहीं, बल्कि **एक लोक दृष्टि से उठाया गया सवाल** है—कि क्या बदलाव केवल दिखावे तक सीमित रह गया है?

यह रचना उन पाठकों के लिए है जो सोचते हैं कि **बदलाव का मतलब आधुनिकता है**—मैं कहना चाहता हूँ, **बदलाव तब सार्थक होता है जब वह जड़ से जुड़ा हो, और पंख से ऊँचा उड़ सके।** यह रागणी केवल नारी के पहनावे या चाल की बात नहीं करती, बल्कि **उसके सामाजिक व्यवहार, आत्मसम्मान और लोक संस्कृति से जुड़ाव** पर भी प्रश्न उठाती है।

मैंने इसे इसलिए लिखा क्योंकि मुझे लगा कि हरियाणवी लोक साहित्य में **बदलते समय की झलक** को सहेजना ज़रूरी है—ताकि हम समझ सकें कि **हम कहाँ से आए हैं, और किस दिशा में जा रहे हैं।** यह रचना एक **सांस्कृतिक दर्पण** है, जिसमें हर पाठक को अपनी परछाईं दिखाई दे सकती है।

हरयाणवी रागणी 12 - कॉलेज आळी

बदल्या इसा ज़माना इब ये, कॉलेज आळी होगी
बीरां का जब ज़िक्र चल्या, कोए गोरी कोए काळी होगी
बदल्या इसा ज़माना

पीहर और, सासरे का, नाम नहीं ध्यान था
गितवाडा में, काम करैं थी, गोबर के म्ह ध्यान था
ना बोलण का, ढंग आवै था, ना बिलकुल भी, ज्ञान था
ना बोलण का, ढंग आवै था, ना बिलकुल भी, ज्ञान था
ईब थप्पड़ मार कै, सॉरी कहदें, ये नॉलेज आळी होगी

शीत राबड़ी, खाया करती, ना चाट मसाले चाहवैं थी
खेतां के म्हा, मिल्या करैं थी, ना होटल में जावैं थी
बिना बुलाए, आया करती, हमनै खूब रिझावैं थी
बिना बुलाए, आया करती, हमनै खूब रिझावैं थी
ईब दर्शन के भी टोटे रै होगे, इसी नखरे आळी होगी

साडी कदे, देखी ना, ना देखी कदे मैक्सी थी
नंगे पाहया पैदल जाती, ना देखी कदे टैक्सी थी
सरडक ऊपर, जाती हाणा, बिधकै ज्यूँ भैंस सी थी
सरडक ऊपर, जाती हाणा, बिधकै ज्यूँ भैंस सी थी
ईब बीच चौराहे करैं रै इशारे, ये ट्रैफिक आळी होगी

राम राम भी, जाणैं ना थी, अब टाटा करकै, चलती हैं
इनका ही क़ानून होग्या, अब ये खूब मचलती हैं
सुर्खी बिंदी और लिपिस्टिक, काजल डालकै चलती हैं
सुर्खी बिंदी और लिपिस्टिक, काजल डालकै चलती हैं
कहै आनन्द शाहपुर ऊँचें सैंडल, अर ढुंगे पै ताळी होगी

समीक्षा रागणी 12 - कॉलेज आळी

रचना "कॉलेज आळी", एक अत्यंत प्रभावशाली, व्यंग्यात्मक और सांस्कृतिक रूप से समृद्ध रागणी है — जो हरियाणवी समाज में स्त्री की बदलती छवि, पीढ़ीगत अंतर और आधुनिकता के प्रभाव को लोक शैली में प्रस्तुत करती है। यह रचना हास्य, आलोचना और स्मृति का त्रिकोण रचती है। आइए इसे साहित्यिक दृष्टि से विश्लेषित करें:

1. रचना वर्गीकरण (Genre Classification)

श्रेणी	विवरण
रस	हास्य-व्यंग्य, श्रृंगार, सामाजिक
विषयवस्तु	ग्रामीण बनाम शहरी स्त्री जीवन, आधुनिकता का प्रभाव,
शैली	संवादात्मक, चित्रात्मक, व्यंग्यात्मक रागणी
स्वरूप	स्वतःस्फूर्त, अनुभवजन्य, लोक शैली में वर्णनात्मक

2. पिंगल साहित्यिक समीक्षा (Pingal Analysis)

- छंद प्रकार: यह रचना मुक्त रागणी छंद में है — जिसमें हर पंक्ति लगभग 20–24 मात्राओं की लय में बहती है।
- तुकांत और अनुप्रास: "गोरी–काळी", "सॉरी–नॉलेज आळी", "टैक्सी–मैक्सी" — ध्वनि सौंदर्य और व्यंग्यात्मक प्रभाव को बढ़ाते हैं।
- यति और गति: दोहराव और लयबद्धता से रचना में प्रवाह बना है — विशेषकर "ईब...आळी होगी" की पुनरावृत्ति से।

यह छंद लोक शैली की मौखिक परंपरा में सहज रूप से फिट होता है — जहाँ भाव और लय शास्त्रीयता से अधिक महत्वपूर्ण हैं।

3. भाव विश्लेषण (Emotional & Thematic Analysis)

- सांस्कृतिक टकराव: पारंपरिक ग्रामीण स्त्री बनाम आधुनिक कॉलेज छात्रा — एक तीव्र सामाजिक चित्रण।
- व्यंग्य और हास्य: "थप्पड़ मार कै सॉरी कहदें", "ट्रैफिक आळी", "ऊँचें सैंडल अर ढुंगे पै ताळी" — लोक शैली में तीखा लेकिन मनोरंजक व्यंग्य।
- सामाजिक चिंता: आधुनिकता के नाम पर मूल्यों का क्षरण, रिश्तों की दूरी, और व्यवहार की बदलती परिभाषा।
- स्मृति और तुलना: "शीत राबड़ी", "खेतां के म्हा मिल्या करैं थी" — पुरानी पीढ़ी की सादगी और आत्मीयता की याद।

4. लेखकीय टिप्पणी (Author's Reflection)

यह रचना मेरी आँखों से देखी गई उस पीढ़ीगत दूरी की अभिव्यक्ति है — जहाँ गाँव की सहजता और शहर की चकाचौंध टकराती है। यह कोई निंदा नहीं, बल्कि एक लोक चेतावनी है — कि आधुनिकता के साथ संस्कृति भी बचे। "कॉलेज आळी" एक प्रतीक है — उस बदलाव का, जो केवल पहनावे में नहीं, व्यवहार और सोच में भी आ गया है।

5. साहित्यिक मूल्य और सामाजिक योगदान

- यह रचना हरियाणवी लोक साहित्य में समकालीन स्त्री विमर्श को जोड़ती है।
- इसमें हास्य और व्यंग्य के माध्यम से सांस्कृतिक आलोचना की शक्ति है।

- यह रचना लोक मंचों, कॉलेज गोष्ठियों और सांस्कृतिक संवादों में प्रभावी रूप से प्रस्तुत की जा सकती है।
- यह रचना अविकावनी हरयाणवी रागणी संग्रह में एक अनूठा रंग भरती है — जो न केवल मनोरंजक है, बल्कि विचारोत्तेजक भी।

वक्तव्य रागणी 13 – शादी में भात रस्म

"शादी में भात रस्म" रागणी हरियाणवी विवाह की उस **पवित्र और उल्लासपूर्ण परंपरा** को सहेजती है, जहाँ रिश्तों की गरिमा, रीति की मधुरता और लोकगीतों की गूंज एक साथ मिलती है। यह रचना केवल रस्मों का चित्रण नहीं, बल्कि **एक भावनात्मक दस्तावेज़** है—जो हरियाणवी जनजीवन की आत्मा को छूती है।

मैंने इस रचना में उस दृश्य को शब्द दिया है जहाँ **चाची, ताई, पड़ोसण, सास, नणंद, जिठाणी** सब मिलकर भात की रस्म को जीवंत करती हैं। यह रागणी उस **सामूहिक उल्लास** की गवाही है, जहाँ हर चेहरा मुस्कान से भरा होता है, और हर मन में **सम्मान और प्रेम की लहर** होती है।

यह रचना भाई-भतीजे की शान, माँ की ममता, नणंद की चंचलता और दान की गरिमा को एक साथ पिरोती है। यह रागणी कहती है कि **हरियाणवी शादी केवल एक आयोजन नहीं, बल्कि एक सांस्कृतिक उत्सव है**—जहाँ हर रस्म में भाव, हर नेग में आशीर्वाद, और हर गीत में परंपरा की गूंज होती है।

मैंने इसे इसलिए लिखा क्योंकि मुझे लगा कि आज के समय में जब विवाह केवल सजावट और दिखावे तक सीमित हो रहे हैं, तब ज़रूरी है कि हम **अपनी लोक परंपराओं को सहेजें और उन्हें भावनात्मक गरिमा के साथ प्रस्तुत करें।** यह रचना एक **सांस्कृतिक स्मृति** है—जो आने वाली पीढ़ियों को यह बताएगी कि **भात की रस्म केवल भोजन नहीं, बल्कि रिश्तों की मिठास है।**

हरयाणवी रागणी 13 - शादी में भात रस्म

चाची ताई अगड़ पड़ोसण, शुभ गीत गवावण लागी
सासु नणन्द दौराणी जिठाणी, भाती लिवावण लागी

मेरे भतीजे चाँद सितारे, सूरज सा मेरा भाई
तोरण ऊपर खड़ी बराबर, मेरी माँ की जाई
हे आगै आगै बैण्ड बाजता, नाचैं लोग लुगाई
टैम पै आग्या माँ का जाया, होगी मान बड़ाई
धो कै बाहरणा चौक पूर दिया, पटड़ा बिछावण लागी

गज की छाती करकै बीरा, पटड़े ऊपर खड़्या हुया
लोटै नेग गेरणे नै वो, मेरी नणदी तै भिड़्या हुया
सिर पै चुन्दड़ गळ में माळा, कुन्दन कण्ठा घड़्या हुया
तोरण ऊपर धर दिया चुन्दड, हीरे मोती जड़्या हुया
मेरी नणदी प्यारी लड़ लड़कै नै, नेग धरावण लागी

हे माथै चावळ लाती जा मेरा, थर थर हिरदा हिलता
देख देखकै भाई भतीजे, मेरा मन आनन्द में खिलता
बिन माँगे सब मिल ज्यावे, ना माँगे कुछ भी मिलता
धी बेटी तै दान करया हुया, दुगणा चुगणा फळता
बड़ी बूढी सब कट्ठी होकै, दान का धर्म गिणावण लागी

देइ मान बराबर दौराणी जिठाणी, म्हारी ऊँची गर्दन करदी
हज़ार, पाँच सौ, सौ दो सौ के, नोटां तै थाळी भरदी
सबके गळ में हार घाल दिए, म्हारे सिर पै चूंदड़ धरदी
आनन्द शाहपुर देख नज़ारा झर झर अँखियाँ झरती
खाण्ड कसार और घी बूरा तै फेर भाती जिमावण लागी

समीक्षा रागणी 13 - हरयाणवी शादी में भात रस्म

रचना "हरयाणवी शादी में भात रस्म", एक अत्यंत जीवंत, सांस्कृतिक और भावप्रधान रागणी है — जो हरियाणवी विवाह परंपरा की गरिमा, उल्लास और सामाजिक समरसता को लोक शैली में सजीव करती है। यह रचना न केवल एक रस्म का चित्रण है, बल्कि उसमें छिपे भाव, संबंध और लोकध्वनि का उत्सव भी है। आइए इसे साहित्यिक दृष्टि से विश्लेषित करें:

1. रचना वर्गीकरण (Genre Classification)

श्रेणी	विवरण
रस	श्रृंगार, हास्य, सांस्कृतिक
विषयवस्तु	विवाह की भात रस्म, पारिवारिक संबंध, सामाजिक मान
शैली	चित्रात्मक, उत्सवधर्मी, लोकगायन शैली
स्वरूप	अनुभवजन्य, परंपरागत, भावप्रधान रचना

2. पिंगल साहित्यिक समीक्षा (Pingal Analysis)

- छंद प्रकार: यह रचना मुक्त रागणी छंद में है — जिसमें हर पंक्ति लगभग 20–24 मात्राओं की लय में बहती है।
- तुकांत और अनुप्रास: "गवावण लागी–लिवावण लागी", "खड़या हुया–धरावण लागी", "हिलता–खिलता" — ध्वनि सौंदर्य और लयबद्धता को सशक्त करते हैं।
- यति और गति: प्रत्येक बंद में दोहराव और लयबद्धता से प्रवाह बना है — विशेषकर "...लागी" की पुनरावृत्ति से उत्सव का ताल बनता है।

यह छंद लोक शैली की मौखिक परंपरा में सहज रूप से फिट होता है — जहाँ भाव और लय शास्त्रीयता से अधिक महत्वपूर्ण हैं।

3. भाव विश्लेषण (Emotional & Thematic Analysis)

- पारिवारिक उल्लास: चाची, ताई, नणंद, जिठाणी — हर रिश्ते की भागीदारी और भावनात्मक जुड़ाव।
- सांस्कृतिक गौरव: "तोरण ऊपर खड़ी बराबर", "धो कै बाहरणा चौक पूर दिया" — परंपराओं का सम्मान और पुनरावृत्ति।
- नेग और मान: "नेग धरावण लागी", "नोटां तै थाळी भरदी" — सामाजिक प्रतिष्ठा और आदर का चित्रण।
- दान और धर्म: "धी बेटी तै दान करया हुया", "दान का धर्म गिणावण लागी" — लोकधर्म और भावनात्मक समर्पण।
- आनन्द और भावुकता: "झर झर अँखियाँ झरती" — भावनाओं की गहराई और आत्मीयता।

4. लेखकीय टिप्पणी (Author's Reflection)

यह रचना मेरे गाँव, मेरी संस्कृति और मेरी स्मृतियों की जीवंत छाया है। भात की रस्म केवल एक परंपरा नहीं, बल्कि रिश्तों की गरिमा, मान-सम्मान और लोकध्वनि का उत्सव है। मैंने इसे किसी कल्पना से नहीं, बल्कि आँखों से देखे और हृदय से जिए गए दृश्य से लिखा है। यह रागणी हरियाणवी विवाह की आत्मा है — जहाँ गीत, नेग, दान और आँसू सब एक साथ बहते हैं।

5. साहित्यिक मूल्य और सामाजिक योगदान

- यह रचना हरियाणवी लोक साहित्य में विवाह परंपरा का दस्तावेज़ है।

- इसमें लोकभाषा की मिठास, सांस्कृतिक चित्रण और भावनात्मक गहराई का सुंदर समन्वय है।
- यह रचना सांस्कृतिक मंचों, शादी समारोहों, और लोक साहित्य गोष्ठियों में प्रस्तुत करने योग्य है।
- यह रचना अविकावनी हरयाणवी रागणी संग्रह में एक उल्लासमय, भावनात्मक और सांस्कृतिक रंग भरती है — जो न केवल परंपरा को जीवित रखती है, बल्कि उसे साहित्यिक गरिमा भी देती है।

वक्तव्य रागणी 14 – मेरे तन की ढेरी हो ली (विरह)

"मेरे तन की ढेरी हो ली" रागणी उस स्त्री स्वर की अभिव्यक्ति है जो प्रेम में डूबी, समर्पित हुई, और फिर **विरह की आग में जलती रही**। यह रचना कोई शिकायत नहीं, बल्कि एक **आत्मा की सच्ची गवाही** है—जो कहती है कि प्रेम अगर एकतरफा हो जाए, तो वह पूजा बन जाता है, और विरह उसकी आरती।

मैंने इस रचना में उस पीड़ा को स्वर दिया है जो **प्रेमिका की प्रतीक्षा, तड़प और टूटन** में जन्म लेती है। वह खत का इंतज़ार करती है, कॉल की घंटी सुनती है, और हर शाम-सवेरे उसी की बाट जोहती है। यह रागणी कहती है कि **प्रेम में अधिकार नहीं, केवल समर्पण होता है**—और वह समर्पण जब उपेक्षित हो जाए, तो तन की ढेरी बन जाती है।

यह रचना उन पाठकों के लिए है जो सोचते हैं कि प्रेम केवल मिलन है—मैं कहना चाहता हूँ, **विरह भी प्रेम का उतना ही गहरा रूप है**, जहाँ आत्मा बोलती है, और शरीर मौन हो जाता है। यह रागणी हरियाणवी लोकधारा में **विरह रस की एक सशक्त प्रस्तुति** है—जो नारी की भावनात्मक गहराई को उजागर करती है।

मैंने इसे इसलिए लिखा क्योंकि मुझे लगा कि हरियाणवी साहित्य में **विरह की सच्ची पीड़ा को लोकस्वर में सहेजना ज़रूरी है**—ताकि पाठक केवल प्रेम की खुशी नहीं, उसकी तपस्या भी समझ सकें। यह रचना एक **भावनात्मक दस्तावेज़** है, जो कहती है: **"तेरी मर्जी तूँ जाणै, पर मैं तो तेरी हो ली।"**

हरयाणवी रागणी 14 - मेरे तन की ढेरी हो ली - विरह

तेरे प्रेम में पड़ कै नै मेरे तन की ढेरी हो ली
तेरी मर्जी तूँ जाणै पर मैं तो तेरी हो ली

तूँ आवे ना ख़त तेरा मैं, देखे जा सूँ बाट पिया
मैं मरूँ अकेली घुट घुट कै तूँ, कित लेवै सै ठाठ पिया
के मरुँ काळजा काट पिया, इब देर भतेरी हो ली
तेरी मर्जी तूँ जाणै पर मैं तो तेरी हो ली

टेलीफोन मोबाइल धोरै, तूँ कदे करै ना कॉल पिया
चौबीस घण्टे रहूँ तड़फती, होज्या सै बेहाल जिया
तनै जब भी करल्यूं कॉल पिया, तेरी शाम सवेरी हो ली
तेरी मर्जी तूँ जाणै पर मैं तो तेरी हो ली

मेर तै प्यार करया करता इब पूजण लाग्या हिन्द नै
तेरे बिरह में पागल होगी, चाहे बूझ लिए आनन्द नै
के रोल्यूं इस आनन्द नै एकबै, दिखाकै शान ल्ह्को ली
तेरी मर्जी तूँ जाणै पर मैं तो तेरी हो ली

समीक्षा रागणी 14 - मेरे तन की ढेरी हो ली

रचना "मेरे तन की ढेरी हो ली", हरियाणवी लोक साहित्य में विरह रस की एक अत्यंत मार्मिक और आत्मस्पर्शी प्रस्तुति है। यह रागणी प्रेम में उपजे एकतरफा समर्पण, पीड़ा और सामाजिक उपेक्षा को लोक भाषा में गहराई से उकेरती है। आइए इसे साहित्यिक दृष्टि से विश्लेषित करें:

1. रचना वर्गीकरण (Genre Classification)

श्रेणी	विवरण
रस	विरह, करुण, श्रृंगार
विषयवस्तु	एकतरफा प्रेम, विरह की पीड़ा, उपेक्षा और
शैली	भावप्रधान, संवादात्मक, आत्मकथात्मक रागणी
स्वरूप	स्वतःस्फूर्त, अनुभवजन्य, लोक शैली में गहन

2. पिंगल साहित्यिक समीक्षा (Pingal Analysis)

- छंद प्रकार: यह रचना मुक्त रागणी छंद में है — जिसमें हर पंक्ति लगभग 20–24 मात्राओं की लय में बहती है।
- तुकांत और अनुप्रास: "हो ली–तेरी हो ली", "ठाठ पिया–बाट पिया", "सवेरी हो ली–तेरी हो ली" — भाव की पुनरावृत्ति और लयबद्धता को सशक्त करते हैं।
- यति और गति: प्रत्येक बंद में दोहराव और लयबद्धता से प्रवाह बना है — विशेषकर "तेरी मर्जी तूँ जाणै पर मैं तो तेरी हो ली" की पुनरावृत्ति से समर्पण का स्वर गहराता है।

यह छंद लोक शैली की मौखिक परंपरा में सहज रूप से फिट होता है — जहाँ भाव और लय शास्त्रीयता से अधिक महत्वपूर्ण हैं।

3. भाव विश्लेषण (Emotional & Thematic Analysis)

- विरह की पीड़ा: "घुट घुट कै मरूँ", "बेहाल जिया", "काळजा काट पिया" — प्रेम में उपेक्षा और अकेलेपन की तीव्रता।
- एकतरफा समर्पण: "तेरी मर्जी तूँ जाणै पर मैं तो तेरी हो ली" — प्रेम में पूर्ण आत्मदान, भले ही उत्तर न मिले।
- सामाजिक व्यथा: "पूजण लाग्या हिन्द नै", "शान ल्ह्को ली" — प्रेमी का बदल जाना और समाज में दिखावे की पीड़ा।
- आत्मविसर्जन: "मेरे तन की ढेरी हो ली" — प्रेम में शरीर और आत्मा दोनों का क्षरण।

4. लेखकीय टिप्पणी (Author's Reflection)

यह रचना उस स्त्री स्वर की पुकार है — जो प्रेम में सब कुछ हार कर भी समर्पण नहीं छोड़ती। यह कोई कल्पना नहीं, बल्कि उस भाव की पुनर्रचना है जो विरह में जलता है, तड़पता है, और फिर भी प्रेम करता है। "तेरी मर्जी तूँ जाणै..." केवल एक पंक्ति नहीं, बल्कि एक जीवन दर्शन है — जहाँ प्रेम उत्तर की अपेक्षा नहीं करता, केवल समर्पण करता है।

5. साहित्यिक मूल्य और सामाजिक योगदान

- यह रचना हरियाणवी लोक साहित्य में विरह रस की गहराई को सशक्त रूप से प्रस्तुत करती है।
- इसमें लोकभाषा की मार्मिकता, भावनात्मक तीव्रता और सामाजिक यथार्थ का सुंदर समन्वय है।
- यह रचना नारी पक्ष, प्रेम विमर्श, और लोक मंचों पर प्रस्तुत करने योग्य है।

- यह रचना अविकावनी हरयाणवी रागणी संग्रह में एक गहन भावनात्मक गहराई जोड़ती है — जो पाठकों को न केवल स्पर्श करती है, बल्कि भीतर तक झकझोरती है।

वक्तव्य रागणी 15 – कदे आज्या याद तेरी (विरह)

"कदे आज्या याद तेरी" रागणी उस विरह की गाथा है जो **स्मृति से नहीं, आत्मा से जन्म लेती है**। यह रचना उस प्रेम की कहानी है जो **छूट गया**, पर **छूटा नहीं**—जो चला गया, पर **हर साँस में बस गया**।

मैंने इस रचना में उस पीड़ा को स्वर दिया है जो **प्रेमिका के मुख मोड़ने के बाद भी प्रेमी के मन से नहीं जाती**। वह गठड़ी बनकर हृदय में धँस जाती है, साँसों में बस जाती है, और आत्मा को फंद में बाँध देती है। यह रागणी कहती है कि **विरह कोई घटना नहीं, बल्कि एक जीवन है**—जिसमें हर दिन एक नया अंत होता है।

यह रचना उन पाठकों के लिए है जो सोचते हैं कि प्रेम केवल मिलन है—मैं कहना चाहता हूँ, **विरह ही वह अग्नि है जिसमें प्रेम की सच्चाई तपती है**। यह रागणी उस विरह की गवाही है जिसमें **नैन सूख जाते हैं, दिल मुस जाता है, और वजूद शून्य हो जाता है**।

मैंने इसे इसलिए लिखा क्योंकि मुझे लगा कि हरियाणवी लोक साहित्य में **विरह की गहराई को आत्मा की भाषा में सहेजना ज़रूरी है**। यह रचना कोई शिकायत नहीं, बल्कि **एक आत्मिक संवाद** है—जो परम ज्योति से भी पूछता है कि **क्यूँ आज भी याद तेरी आ जाती है**।

हरयाणवी रागणी 15 - कदे आज्या याद तेरी

तूँ छोड़ गई, मुख मोड़ गई, संग ले गई याद सुनैहरी
मैं डरता रहा, पल पल मरता रहा, कदे आज्या याद तेरी

तेरी यादां की गठड़ी बणकै, मेरे काळजे में धंसगी
साँस रोकणा चाहूँ था पर, साँसा के म्ह तूँ बसगी
मेरी आत्मा फन्द में फँसगी, करके नै याद तेरी
कदे आज्या याद तेरी

मुस्ता मुस्ता दिल भी मुसग्या, फेर खुसण लाग्या चैन
झर झर सोता सूख गया फेर, सूख गए मेरे नैन
थके नैन तेरा रस्ता तकते, हुई धुंधळी याद तेरी
कदे आज्या याद तेरी

तूँ शून्य हो गई, मैं सुन्न होग्या, ना मेरा कुछ भी रहया वजूद
समूल नष्ट हुया, बड़ा कष्ट हुया, भरणा पड़ग्या ब्याज अर सूद
दो ऊत पकड़ कै ले चाले, फेर आगी याद तेरी
कदे आज्या याद तेरी

जी भी दे दिया, ज्यान भी दे दी, इब के रहगी खटक बता
परम ज्योत में आकै मिलग्या, फेर आनन्द के अटक बता
रही जीव आत्मा भटक बता, क्यूँ आवै याद तेरी
कदे आज्या याद तेरी

समीक्षा रागणी 15 - कदे आज्या याद तेरी

रचना "कदे आज्या याद तेरी", विरह रस की चरम अनुभूति है — एक ऐसी आत्मा की पुकार जो प्रेम के वियोग में नष्ट हो चुकी है, पर स्मृति से मुक्त नहीं हो पाई। यह रागणी हरियाणवी लोक साहित्य में विरह की दार्शनिक गहराई और भावनात्मक तीव्रता का अद्भुत उदाहरण है। आइए इसे साहित्यिक दृष्टि से विश्लेषित करें:

1. रचना वर्गीकरण (Genre Classification)

श्रेणी	विवरण
रस	विरह, करुण, आध्यात्मिक
विषयवस्तु	प्रेम-वियोग, स्मृति की पीड़ा, आत्मा की भटकन
शैली	आत्मकथात्मक, भावप्रधान, दार्शनिक रागणी
स्वरूप	स्वतःस्फूर्त, अनुभवजन्य, लोक शैली में गहन आत्मसंवाद

2. पिंगल साहित्यिक समीक्षा (Pingal Analysis)

- छंद प्रकार: यह रचना मुक्त रागणी छंद में है — प्रत्येक पंक्ति में लगभग 20–24 मात्राओं का प्रवाह है।

- तुकांत और अनुप्रास: "तेरी–सुनैहरी", "धरदी–बसगी", "नैन–चैन", "बता–अटक बता" — भाव की पुनरावृत्ति और लयबद्धता को सशक्त करते हैं।
- यति और गति: "कदे आज्या याद तेरी" की पुनरावृत्ति से रचना में एक भाविक लय और स्मृति का चक्र निर्मित होता है।

यह छंद लोक शैली की मौखिक परंपरा में सहज रूप से फिट होता है — जहाँ भाव और लय शास्त्रीयता से अधिक महत्वपूर्ण हैं।

3. भाव विश्लेषण (Emotional & Thematic Analysis)

- वियोग की पीड़ा: "पल पल मरता रहा", "मेरी आत्मा फन्द में फँसगी" — प्रेम में आत्मा का बंधन और तड़प।
- स्मृति का बोझ: "तेरी यादां की बाँध गाँठड़ी", "झर झर सोता सूख गया" — यादों का भार और भावनात्मक सूखा।
- दार्शनिक गहराई: "तूँ शून्य हो गई, मैं सुन्न होग्या", "परम ज्योत में आकै मिलग्या" — आत्मा और अस्तित्व की खोज।
- आध्यात्मिक भटकन: "रही जीव आत्मा भटक बता" — प्रेम की स्मृति से मुक्त न हो पाने की पीड़ा।

4. लेखकीय टिप्पणी (Author's Reflection)

यह रचना मेरे भीतर की उस गहराई से उपजी है, जहाँ प्रेम केवल भाव नहीं, बल्कि अस्तित्व का हिस्सा बन जाता है। "कदे आज्या याद तेरी" कोई प्रश्न नहीं, बल्कि एक अनुत्तरित पुकार है — जो आत्मा के हर कोने में गूंजती है। यह रागणी वियोग की पीड़ा को केवल शब्दों में नहीं, बल्कि आत्मा की ध्वनि में ढालती है।

5. साहित्यिक मूल्य और सामाजिक योगदान

- यह रचना हरियाणवी लोक साहित्य में विरह रस की दार्शनिक पराकाष्ठा को दर्शाती है।
- इसमें लोकभाषा की गहराई, भावनात्मक तीव्रता, और आध्यात्मिक विमर्श का सुंदर समन्वय है।
- यह रचना नारी पक्ष, प्रेम-वियोग, और आत्मसंवाद के संदर्भ में साहित्यिक मंचों पर प्रस्तुत करने योग्य है।
- यह रचना अविकावनी हरयाणवी रागणी संग्रह में एक गहन, आत्मिक और साहित्यिक गहराई जोड़ती है — जो पाठकों को न केवल भावनात्मक रूप से स्पर्श करती है, बल्कि उन्हें आत्ममंथन के लिए प्रेरित भी करती है।

वक्तव्य रागणी 16 – असली दर्द

"असली दर्द" रागणी उस क्षण की गवाही है जब प्रेम केवल खोया नहीं जाता, बल्कि **तिरस्कृत किया जाता है**। यह रचना उस पीड़ा की अभिव्यक्ति है जो तब जन्म लेती है जब कोई **देखते हुए भी अनदेखा कर** दे, और कोई **जानते हुए भी अनजाना बन जाए**।

मैंने इस रचना में उस भाव को स्वर दिया है जो **प्रेम में उपेक्षा, धोखे और अपमान** से उपजता है। यह रागणी कहती है कि छोड़ जाना उतना नहीं दुखाता, जितना **देखकर भी इग्नोर करना**, **फोन पर ब्लॉक करना**, और **दूसरों के सामने मज़ाक उड़ाना**। यह रचना उस आत्मा की पुकार है जो कहती है—**"तूँ भूल गई, पर मैं तो अब भी तेरे नाम का दर्द जी रहा हूँ।"**

यह रचना उन पाठकों के लिए है जो सोचते हैं कि प्रेम केवल मिलन है—मैं कहना चाहता हूँ, **प्रेम जब टूटता है, तो उसकी किरचें आत्मा में चुभती हैं**, और वही असली दर्द होता है। यह रागणी हरियाणवी लोकधारा में **विरह, अपमान और आत्मसंघर्ष** की एक सशक्त प्रस्तुति है।

मैंने इसे इसलिए लिखा क्योंकि मुझे लगा कि हरियाणवी साहित्य में **विरह की सच्चाई को केवल आँसू नहीं, बल्कि शब्दों की आग में ढालना ज़रूरी है**। यह रचना एक **भावनात्मक दस्तावेज़** है—जो कहती है कि असली दर्द तब होता है, **"जब देखकै भी मनै तूँ इगनोर मारगी।"**

हरयाणवी रागणी 16 - असली दर्द

तूँ छोड़ कै गई मनै कोए गम ना था,
तूँ बोलती भी कोन्या यो भी कम ना था
पर असली दर्द मैरै इस बात का हुया,
जब देखकै भी मनै तूँ इगनोर मारगी

मैं रोवता रहया जँग झोवता रहया
चैन खोवता रहया तनै टोहवता रहया
पर असली दर्द मैरै इस बात का हुया, जब फोन पै भी आपां नै ब्लोक मारगी
पर असली दर्द मैरै इस बात का हुया, जब देखकै भी मनै तूँ इगनोर मारगी

मन मार भी लिया तन हार भी लिया
तेरे प्यार का यो भूत सिर तै तार भी लिया
पर असली दर्द मैरै इस बात का हुया, जब यारां की तूँ म्हारे स्यामही बोर मारगी
पर असली दर्द मैरै इस बात का हुया, जब देखकै भी मनै तूँ इगनोर मारगी

मन रूठ भी गया, दिल टूट भी गया
तेरे प्यार आळा भांडा इब फ़ूट भी गया
पर असली दर्द मैरै इस बात का हुया, जब म्हारे पैसे खा कै नै तूँ चोर मारगी
पर असली दर्द मैरै इस बात का हुया, जब देखकै भी मनै तूँ इगनोर मारगी

गैरां की बाँहयां में तूँ झूल भी गई
इस आनन्द के प्यार नै तूँ भूल भी गई
पर असली दर्द मैरै इस बात का हुया, जब गळे में लपेट साँप मोर मारगी
पर असली दर्द मैरै इस बात का हुया, जब देखकै भी मनै तूँ इगनोर मारगी

समीक्षा रागणी 16 - असली दर्द

रचना “असली दर्द”, हरियाणवी लोक रागणी की शैली में लिखी गई एक अत्यंत तीव्र, भावप्रधान और आत्मस्वरूप रचना है — जो प्रेम में उपेक्षा, धोखे और आत्मघात की पीड़ा को लोकभाषा में गहराई से उकेरती है। यह रागणी न केवल विरह की अभिव्यक्ति है, बल्कि आत्मसम्मान और टूटे विश्वास की भी दस्तावेज़ है। आइए इसे साहित्यिक दृष्टि से विश्लेषित करें:

1. रचना वर्गीकरण (Genre Classification)

श्रेणी	विवरण
रस	करुण, विरह, व्यंग्य
विषयवस्तु	प्रेम में धोखा, उपेक्षा, भावनात्मक टूटन
शैली	आत्मकथात्मक, संवादात्मक, व्यंग्यात्मक रागणी
स्वरूप	स्वतःस्फूर्त, अनुभवजन्य, लोक शैली में भावनात्मक

2. पिंगल साहित्यिक समीक्षा (Pingal Analysis)

- छंद प्रकार: यह रचना मुक्त रागणी छंद में है — प्रत्येक पंक्ति में लगभग 20–24 मात्राओं का प्रवाह है।
- तुकांत और अनुप्रास: “गम ना था–कम ना था”, “ब्लोक मारगी–इगनोर मारगी”, “भांडा–फ़ूट भी गया” — ध्वनि सौंदर्य और भाव की पुनरावृत्ति से लयबद्धता बनी रहती है।
- यति और गति: “पर असली दर्द मैरै इस बात का हुया…” की पुनरावृत्ति से रचना में भाविक लय और दर्द की गहराई का निर्माण होता है।

यह छंद लोक शैली की मौखिक परंपरा में सहज रूप से फिट होता है — जहाँ भाव और लय शास्त्रीयता से अधिक महत्वपूर्ण हैं।

3. भाव विश्लेषण (Emotional & Thematic Analysis)

- उपेक्षा की पीड़ा: "देखकै भी मनै तूँ इगनोर मारगी" — प्रेम में सबसे गहरा घाव: जानबूझकर अनदेखा किया जाना।
- भावनात्मक टूटन: "मन रूठ भी गया, दिल टूट भी गया" — आत्मा और शरीर दोनों का क्षरण।
- विश्वासघात: "म्हारे पैसे खा कै नै तूँ चोर मारगी" — प्रेम में आर्थिक और भावनात्मक धोखा।
- व्यंग्य और कटाक्ष: "तेरे प्यार आळा भांडा इब फ़ूट भी गया", "गळे में लपेट साँप मोर मारगी" — प्रेम की आड़ में छल का चित्रण।
- आत्मस्वरूप और चेतना: "इस आनन्द के प्यार नै तूँ भूल भी गई" — लेखक की पहचान और भावनात्मक निवेश की उपेक्षा।

4. लेखकीय टिप्पणी (Author's Reflection)

यह रचना उस दर्द की अभिव्यक्ति है जो प्रेम में उपेक्षा से उपजता है — जब शब्दों से नहीं, नज़रों से चोट दी जाती है। "असली दर्द" केवल धोखे का नहीं, बल्कि उस क्षण का है जब सामने होकर भी कोई आपको देखना नहीं चाहता। यह रागणी मेरे भीतर की टूटन है — जो शब्दों में नहीं, साँसों में गूंजती है।

5. साहित्यिक मूल्य और सामाजिक योगदान

- यह रचना हरियाणवी लोक साहित्य में विरह और आत्मसम्मान की गहराई को दर्शाती है।
- इसमें लोकभाषा की तीव्रता, भावनात्मक तीव्रता, और समकालीन प्रेम संबंधों की आलोचना का सुंदर समन्वय है।
- यह रचना नारी-पुरुष संबंध, प्रेम-वियोग, और आत्मसंवाद के संदर्भ में साहित्यिक मंचों पर प्रस्तुत करने योग्य है।
- यह रचना अविकावनी हरयाणवी रागणी संग्रह में एक तीव्र, आत्मिक और साहित्यिक गहराई जोड़ती है — जो पाठकों को न केवल भावनात्मक रूप से स्पर्श करती है, बल्कि उन्हें आत्ममंथन के लिए प्रेरित भी करती है।

वक्तव्य रागणी 17 – खेतड़: दोचश्मी

"खेतड़ – दोचश्मी" रागणी उस **लोक संवाद** की सजीव झांकी है जहाँ एक साधारण छोरा और एक पढ़ी-लिखी छोरी के बीच **प्रेम का बीज अंकुरित होता है**, पर सामाजिक भेदभाव की दीवारें उसे रोकने की कोशिश करती हैं। यह रचना **हरियाणवी जनजीवन की उस सच्चाई को उजागर करती है**, जहाँ प्रेम केवल रूप, रंग, पढ़ाई या हैसियत से नहीं, बल्कि **दिल की सादगी और आत्मा की सच्चाई से होता है।**

मैंने इस रचना में उस छोरे की आवाज़ को स्वर दिया है जो खुद को "खेतड़" कहता है—सीधा-सादा, गाँव का, सरकारी स्कूल में पढ़ता हुआ। और उस छोरी की आवाज़ को भी, जो "मेम साहब" कहलाने के बावजूद **उसके सादे बाणे में अपना ज्यान खो बैठती है।** यह रागणी कहती है कि **प्रेम में कोई ऊँच-नीच नहीं होती, अगर दिल सच्चा हो।**

यह रचना उन पाठकों के लिए है जो सोचते हैं कि **प्रेम केवल समानता से टिकता है**—मैं कहना चाहता हूँ, **प्रेम तब टिकता है जब दोनों एक-दूसरे की सच्चाई को स्वीकारें, और समाज की दीवारों को तोड़ने का साहस रखें।** यह रागणी एक **सांस्कृतिक संवाद** है, जिसमें छप्पर ढारा और महल चौबारा के बीच **दिल की डोर बंधती है।**

मैंने इसे इसलिए लिखा क्योंकि मुझे लगा कि हरियाणवी लोक साहित्य में **ऐसे संवादों को सहेजना ज़रूरी है**, जो प्रेम को केवल श्रृंगार नहीं, बल्कि **संघर्ष और स्वीकार का रूप** देते हैं। यह रचना एक **सांस्कृतिक पुल** है—जो गाँव और शहर, खेत और कॉलेज, सादगी और आधुनिकता के बीच **प्रेम की राह बनाती है।**

हरयाणवी रागणी 17 - खेतड़ - दोचश्मी

लड़का : मैं खेतड़ तूँ मेम साहब, याहड़ै जुगत लगै ना तेरी
लड़की : तेरे सिम्पल बाणे नै, छोरे ज्यान काढ़ ली मेरी

लड़का : मैं सरकारी में पढ़ रहया, तैरै कॉलेज का रंग चढ़ रहया
लड़का : मैं सरकारी में पढ़ रहया, तैरै कॉलेज का रंग चढ़ रहया
लड़का : मेरा रँग भी काळा पड़ रहया, तूँ भूरी भक्क सुनेहरी
लड़की : तेरे सिम्पल बाणे नै, छोरे ज्यान काढ़ ली मेरी
लड़का : मैं खेतड़ तूँ मेम साहब, याहड़ै जुगत लगै ना तेरी

लड़की : बस तेरे तै प्यार करूँगी, ना कुँए जोहड़ पड़ूँगी
लड़की : बस तेरे तै प्यार करूँगी, ना कुँए जोहड़ पड़ूँगी
लड़की : बिन आई मौत मरुँगी जै बात सुणै ना मेरी
लड़का : मैं खेतड़ तूँ मेम साहब, याहड़ै जुगत लगै ना तेरी
लड़की : तेरे सिम्पल बाणे नै, छोरे ज्यान काढ़ ली मेरी

लड़का : म्हारे घर में छप्पर ढारा, तैरै खड़या महल चौबारा
लड़का : म्हारे घर में छप्पर ढारा, तैरै खड़या महल चौबारा
लड़का : मैं सोनीपत से आ रहया, तूँ दिल्ली के रँग ले रही
लड़की : तेरे सिम्पल बाणे नै, छोरे ज्यान काढ़ ली मेरी
लड़का : मैं खेतड़ तूँ मेम साहब, याहड़ै जुगत लगै ना तेरी

लड़की : आनन्द तेरी बात सुणुंगी, तेरे आँगन बीच रहूँगी
लड़की : आनन्द तेरी बात सुणुंगी, तेरे आँगन बीच रहूँगी
लड़की : तेरी गैल्या कष्ट सहूँगी, तूँ सुणले बिनती मेरी
लड़का : मैं खेतड़ तूँ मेम साहब, याहड़ै जुगत लगै ना तेरी
लड़की : तेरे सिम्पल बाणे नै, छोरे ज्यान काढ़ ली मेरी

समीक्षा रागणी 17 - खेतड़

रचना “खेतड़ – नई दोचश्मी हरयाणवी रागणी” एक अत्यंत मनमोहक, संवादात्मक और सांस्कृतिक रूप से समृद्ध रचना है — जिसमें ग्रामीण-शहरी जीवन के टकराव, प्रेम की सहजता, और सामाजिक भेदभाव को लोक शैली में अत्यंत रोचक ढंग से प्रस्तुत किया गया है। यह रागणी दोचश्मी शैली की सुंदर मिसाल है — जहाँ लड़का और लड़की के संवादों से भाव, हास्य और प्रेम का समन्वय बनता है।
आइए इसे साहित्यिक दृष्टि से विश्लेषित करें:

1. रचना वर्गीकरण (Genre Classification)

श्रेणी	विवरण
रस	श्रृंगार (प्रेम), हास्य, सामाजिक
विषयवस्तु	ग्रामीण-शहरी प्रेम, सामाजिक अंतर, आत्मीयता
शैली	दोचश्मी रागणी (संवादात्मक शैली), लोकगायन
स्वरूप	अनुभवजन्य, व्यंग्यात्मक, भावप्रधान

2. पिंगल साहित्यिक समीक्षा (Pingal Analysis)

- छंद प्रकार: मुक्त रागणी छंद में रचना है — प्रत्येक पंक्ति में लगभग 20–24 मात्राओं का प्रवाह।
- तुकांत और अनुप्रास: “तेरी–मेरी”, “सुनेहरी–काळा पड़ रहया”, “ढारा–चौबारा” — ध्वनि सौंदर्य और लयबद्धता को सशक्त करते हैं।

- यति और गति: दोचश्मी शैली में संवादों की पुनरावृत्ति से रचना में नाटकीय लय और प्रेमिक टकराव का निर्माण होता है।

यह छंद हरियाणवी लोकगायन की परंपरा में अत्यंत लोकप्रिय है — जहाँ संवादों के माध्यम से भावों की गहराई व्यक्त होती है।

3. भाव विश्लेषण (Emotional & Thematic Analysis)

- सामाजिक अंतर: "मैं खेतड़ तूँ मेम साहब", "छप्पर ढारा–महल चौबारा" — ग्रामीण-शहरी जीवन की भिन्नता।
- प्रेम की सहजता: "तेरे सिम्पल बाणे नै, छोरे ज्यान काढ़ ली मेरी" — सादगी में छिपा आकर्षण।
- नारी पक्ष की दृढ़ता: "बस तेरे तै प्यार करूँगी", "तेरे आँगन बीच रहूँगी" — प्रेम में समर्पण और सामाजिक बाधाओं को नकारना।
- हास्य और व्यंग्य: "तू दिल्ली के रँग ले रही, मैं सोनीपत से आ रहया" — क्षेत्रीय पहचान और मज़ाकिया टकराव।

4. लेखकीय टिप्पणी (Author's Reflection)

यह रचना मेरे भीतर के उस लोक स्वर की अभिव्यक्ति है — जहाँ प्रेम सादगी से उपजता है, और सामाजिक भेदभाव को संवादों से तोड़ा जाता है। "मैं खेतड़ तूँ मेम साहब" केवल एक पंक्ति नहीं, बल्कि उस मानसिक दूरी का प्रतीक है जो प्रेम में मिट जाती है। यह दोचश्मी रागणी हरियाणवी लोक जीवन की मिठास, टकराव और आत्मीयता को एक साथ समेटे हुए है।

5. साहित्यिक मूल्य और सांस्कृतिक योगदान

- यह रचना हरियाणवी लोक साहित्य में दोचशमी शैली की सशक्त प्रस्तुति है।
- इसमें लोकभाषा की मिठास, संवाद की जीवंतता, और सामाजिक आलोचना का सुंदर समन्वय है।
- यह रचना लोक मंचों, युवा संवाद, और सांस्कृतिक आयोजनों में अत्यंत प्रभावी रूप से प्रस्तुत की जा सकती है।
- यह रचना अविकावनी हरयाणवी रागणी संग्रह में एक संवादात्मक, हास्यपूर्ण और भावनात्मक रंग भरती है — जो पाठकों को न केवल मनोरंजन देती है, बल्कि सामाजिक सोच को भी चुनौती देती है।

वक्तव्य रागणी 18 – निशाना

"निशाना" रागणी उस क्षण की गूंज है जब **नज़र का एक तीर हृदय को आर-पार कर देता है**, और प्रेमी अपने घायल मन को कविता में ढाल देता है। यह रचना हरियाणवी श्रृंगार रस की एक **सजीव झांकी** है—जहाँ रूप की हर झलक, चाल की हर लहर, और अदा की हर मटक **एक निशाना बन जाती है।**

मैंने इस रचना में उस भाव को स्वर दिया है जो **प्रेम में चुपचाप घायल होने की मिठास** से उपजता है। लौंग की चमक, काजल की डोरी, झील सी आँखें, नाग सी ज़ुल्फें, और कोयल सी बोली—हर उपमा केवल सौंदर्य नहीं, बल्कि **प्रेमी की दृष्टि में देवीत्व का अनुभव** है। यह रागणी कहती है कि **जब प्रेम सच्चा हो, तो हर रूप एक पूजा बन जाता है।**

यह रचना उन पाठकों के लिए है जो सोचते हैं कि श्रृंगार केवल बाहरी सौंदर्य है—मैं कहना चाहता हूँ, **हरियाणवी श्रृंगार रस में सौंदर्य आत्मा से देखा जाता है**, और उसकी हर झलक एक भावनात्मक निशाना बन जाती है। यह रागणी उस लोक दृष्टि की गवाही है जो **रूप को केवल देखने नहीं, जीने का माध्यम मानती है।**

मैंने इसे इसलिए लिखा क्योंकि मुझे लगा कि हरियाणवी लोक साहित्य में **श्रृंगार रस की गरिमा को आधुनिक भावभूमि में सहेजना ज़रूरी है**—ताकि पाठक समझ सकें कि **प्रेम में घायल होना भी एक सौंदर्य है, और उसकी कविता एक पूजा।**

हरयाणवी रागणी 18 - निशाना

लौंग तेरी का लश्कारा, चमकै कानां की बाळी
ठहर हूर मत मार निशाना, भरकै आँख दुनाळी

जब भी झपकै पलक पाँवड़े, दिल दूणा दूणा धडकै
आँख की कौर नचावै मतन्या, तीर काळजै रड़कै
सखियाँ गैल्यां हिरणी सी जणूँ, डाहर लिकड़गी जड़कै
तेरे रूप का इसा चाँदणा, जणूँ पीळी पाटी तड़कै
फडकै सै तेरी भौंह काळी किसी मटकै अदा निराळी

काजल डोरे खींच लिए ये, पहलम आँख कटीली सै
गोरे मुख पै नूर बरस रहया, आँख झील सी नीली सै
जिस तरिया तूँ बण ठण चालै, लागै घणी हठीली सै
ठुमक ठुमक कै कदम धरै सै, चालै चाल नशीली सै
दो फड़ होंठ रसीली सै जणूं, फळ मेवे की डाळी

उज्ज्वल दन्त पँक्ति धौळी, तूँ हँस हँस फूल बखेरै सै
जब भी देखै नजर उठाकै, नशेमन पै बिजळी गैरै सै
कानां धोरै दो ज़ुल्फ़ नाग सी, जणूं बैठे सर्प मंडेरै सै
ज़ुल्फ़ हटाकै आँख चुरावै, क्यूँ नज़र मेहर की फेरै सै
घणे मीठे सुर तै टेरै सै जणूं, झड़ में कोयल काळी

लाम्बी पतळी कमल नयनी, घर करगी मेरे दिल में
गाला पै दो गढ़े पड़ रहे, ना कसर होंठ के तिल में
नीन्द खुली जब सपना टुट्या, ज्यान फँसी मुश्किल में
आंख्या तै इसी ओझल होगी, जणूं नागण बड़गी बिल में
आनन्द शाहपुर घली आफत गळ में, क्यूँकर जावै टाळी

समीक्षा रागणी 18 - निशाना

रचना "निशाना – नई हरयाणवी रागणी" श्रृंगार रस की एक अत्यंत मोहक, चित्रात्मक और भावप्रधान प्रस्तुति है — जिसमें सौंदर्य, आकर्षण और प्रेम की चंचलता को हरियाणवी लोक शैली में अत्यंत प्रभावशाली ढंग से उकेरा गया है। यह रागणी नारी सौंदर्य के विविध पक्षों को लोक प्रतीकों, उपमाओं और लयात्मकता के माध्यम से जीवंत करती है।
आइए इसे साहित्यिक दृष्टि से विश्लेषित करें:

1. रचना वर्गीकरण (Genre Classification)

श्रेणी	विवरण
रस	श्रृंगार (मुख्य), हास्य-चित्रात्मक
विषयवस्तु	नारी सौंदर्य, प्रेम की चंचलता, आकर्षण
शैली	चित्रात्मक, उपमायुक्त, लोकगायन शैली
स्वरूप	स्वतःस्फूर्त, अनुभवजन्य, लोक शैली में श्रृंगारिक भाव

2. पिंगल साहित्यिक समीक्षा (Pingal Analysis)

- छंद प्रकार: यह रचना मुक्त रागणी छंद में है — प्रत्येक पंक्ति में लगभग 20–24 मात्राओं का प्रवाह है।
- तुकांत और अनुप्रास: "बाळी–दुनाळी", "धडकै–रड़कै", "नीली सै–नशीली सै", "बखैरै सै–गैरै सै" — ध्वनि सौंदर्य और लयबद्धता को सशक्त करते हैं।
- यति और गति: "ठहर हूर मत मार निशाना…" जैसी पंक्ति रचना को लयात्मक चपलता और श्रृंगारिक चंचलता से भर देती है।

यह छंद लोक शैली की मौखिक परंपरा में सहज रूप से फिट होता है — जहाँ भाव और लय शास्त्रीयता से अधिक महत्वपूर्ण हैं।

3. भाव विश्लेषण (Emotional & Thematic Analysis)

- नारी सौंदर्य का चित्रण: "लौंग तेरी का लश्कारा", "काजल डोरे", "गोरे मुख पै नूर" — सौंदर्य के विविध पक्षों का लोक प्रतीकों से चित्रण।
- प्रेम की चंचलता: "भरकै आँख दुनाळी", "ठुमक ठुमक कै कदम धरै सै" — प्रेम में आकर्षण और चपलता।
- उपमा और रूपक: "झील सी नीली आँख", "फळ मेवे की डाळी", "झड़ में कोयल काळी" — लोक सौंदर्यबोध की गहराई।
- स्वप्न और यथार्थ का टकराव: "नींद खुली जब सपना टुट्या" — प्रेम की कल्पना और उसकी अस्थिरता।

4. लेखकीय टिप्पणी (Author's Reflection)

यह रचना मेरे भीतर के उस सौंदर्यबोध की अभिव्यक्ति है — जो लोक जीवन में नारी के रूप, चाल और भाव से जुड़ा है। "निशाना" केवल प्रेम का प्रतीक नहीं, बल्कि उस चंचलता का संकेत है जो आँखों की भाषा से दिल तक पहुँचती है। यह रागणी श्रृंगार रस की मिठास और लोक प्रतीकों की गहराई को एक साथ समेटे हुए है।

5. साहित्यिक मूल्य और सांस्कृतिक योगदान

- यह रचना हरियाणवी लोक साहित्य में श्रृंगार रस की आधुनिक प्रस्तुति का सशक्त उदाहरण है।
- इसमें लोकभाषा की मिठास, चित्रात्मकता, और भावनात्मक चपलता का सुंदर समन्वय है।
- यह रचना लोक मंचों, सांस्कृतिक आयोजनों, और युवा रचनाकारों के लिए प्रेरणास्रोत बन सकती है।
- यह रचना अविकावनी हरयाणवी रागणी संग्रह में एक मोहक, भावनात्मक और साहित्यिक रंग भरती है — जो पाठकों को न केवल आनंदित करती है, बल्कि लोक सौंदर्यबोध की गहराई से परिचित भी कराती है।

वक्तव्य रागणी 19 – तोताचश्मी

"तोताचश्मी" रागणी उस स्त्री स्वर की घोषणा है जो **छल और दिखावे के प्रेम से बाहर निकलने का साहस करती है**। यह रचना उस अनुभव की गवाही है जहाँ प्रेम केवल शब्दों में रहा, और व्यवहार में **धोखे, टालमटोल और बदलती चालों** का खेल चलता रहा।

मैंने इस रचना में उस पीड़ा को स्वर दिया है जो तब जन्म लेती है जब कोई **भँवरे की तरह मंडराता है,** पर बात बनते ही **रंग बदल देता है**। यह रागणी कहती है कि **प्रेम में स्थिरता होनी चाहिए, न कि चालाकी और चंचलता।** जब प्रेम केवल दिखावा बन जाए, तो उसे त्याग देना ही आत्मसम्मान है।

यह रचना उन पाठकों के लिए है जो सोचते हैं कि **प्रेम में सब सहना चाहिए**—मैं कहना चाहता हूँ, **प्रेम में सहना तब तक ठीक है जब तक उसमें सच्चाई हो।** यह रागणी एक **नारी की आत्मिक घोषणा** है, जो कहती है: **"तेरे प्रेम की चाहना कोन्या, जित मर्जी धक्के खा।"**

मैंने इसे इसलिए लिखा क्योंकि मुझे लगा कि हरियाणवी लोक साहित्य में **नारी के आत्मसम्मान और निर्णय की आवाज़ को सहेजना ज़रूरी है**। यह रचना कोई तंज नहीं, बल्कि **एक चेतावनी और एक सीख** है—जो कहती है कि **प्रेम में आँखें खोलकर चलो, वरना तोताचश्मी बनकर पछताना पड़ेगा।**

हरयाणवी रागणी 19 - तोताचश्मी

तूँ तै सुवे की ज्यूँ फिरै चाखता, कदे आवै कदे जा
तेरे प्रेम की चाहना कोन्या, जित मर्जी धक्के खा

इर्दगिर्द मेरे चक्कर काटै, तेरै चैन पडै दिन रात नहीं
भँवरे की ज्यूँ मंडराता रहै, जब तक कर ल्यूँ बात नहीं
रात गई और बात गई फेर, बदल्या तेरा सुभा
तेरे प्रेम की चाहना कोन्या, जित मर्जी धक्के खा

पहले दिन तै जाणु थी तेरी, फितरत धोखा देवण की
बीच समन्दर डोबैगा ना, आसंग किश्ती खेवण की
तेरी हरदम नीत मटेवण की, करै हस्ती मेरी फ़ना
तेरे प्रेम की चाहना कोन्या, जित मर्जी धक्के खा

दस दिन भीतर तेरे प्रेम का, सारा ए भाँडा फूट गया
मेरे तै जब दिल भरग्या तेरा, प्रेम का तागा टूट गया
छूट गया रँग नकली पल में, इब दूजा रँग चढ़ा
तेरे प्रेम की चाहना कोन्या, जित मर्जी धक्के खा

जाण गई पहचाण गई इब, तेरे हाथ ना आवण की
चौगरदे मुँह फिरै मारता, दे छोड़ बाण मुँह बावण की
गावण की जै रीस करै तै, तूँ आनन्द शाहपुर गा
तेरे प्रेम की चाहना कोन्या, जित मर्जी धक्के खा

समीक्षा रागणी 19 - तोताचश्मी

रचना "तोताचश्मी – नई हरयाणवी रागणी" एक तीखी, आत्मस्वरूप और व्यंग्यात्मक श्रृंगार रचना है — जिसमें प्रेम में मिले धोखे, चंचलता और नकलीपन को हरियाणवी लोक शैली में बेबाकी से उकेरा गया है। यह रागणी नारी-पुरुष संबंधों में अस्थिरता और भावनात्मक छल पर एक स्पष्ट प्रतिक्रिया है, जो न केवल भावनात्मक है, बल्कि सामाजिक चेतना से भी जुड़ी हुई है।

आइए इसे साहित्यिक दृष्टि से विश्लेषित करें:

1. रचना वर्गीकरण (Genre Classification)

श्रेणी	विवरण
रस	श्रृंगार (विरोधात्मक), करुण, व्यंग्य
विषयवस्तु	प्रेम में धोखा, चंचलता, आत्मसम्मान
शैली	आत्मकथात्मक, व्यंग्यात्मक, लोकगायन शैली
स्वरूप	अनुभवजन्य, भावप्रधान, लोक शैली में प्रतिरोधात्मक

2. पिंगल साहित्यिक समीक्षा (Pingal Analysis)

- छंद प्रकार: मुक्त रागणी छंद — प्रत्येक पंक्ति में लगभग 20–24 मात्राओं का प्रवाह।
- तुकांत और अनुप्रास: "चाखता–जा", "धक्के खा–सुभा", "फ़ना–धक्के खा", "चढ़ा–धक्के खा" — लयबद्धता और ध्वनि सौंदर्य को सशक्त करते हैं।

- यति और गति: "तेरे प्रेम की चाहना कोन्या, जित मर्जी धक्के खा" की पुनरावृत्ति से रचना में दृढ़ता और आत्मस्वरूप का निर्माण होता है।

यह छंद हरियाणवी लोकगायन की परंपरा में सहज रूप से फिट होता है — जहाँ भाव और लय शास्त्रीयता से अधिक महत्वपूर्ण हैं।

3. भाव विश्लेषण (Emotional & Thematic Analysis)

- प्रेम में अस्थिरता और छल: "रात गई और बात गई फेर, बदल्या तेरा सुभा" — प्रेम की चंचलता और अस्थिरता।
- आत्मसम्मान और चेतना: "तेरे प्रेम की चाहना कोन्या…" — स्पष्ट अस्वीकार और आत्मबल।
- नकलीपन का भंडाफोड़: "छूट गया रँग नकली पल में" — प्रेम में दिखावे और छल की आलोचना।
- व्यंग्य और कटाक्ष: "गावण की जै रीस करै तै, तूँ आनन्द शाहपुर गा" — व्यंग्यात्मक चुनौती और आत्मगौरव।

4. लेखकीय टिप्पणी (Author's Reflection)

यह रचना उस आत्मस्वरूप की घोषणा है — जो प्रेम में मिले छल और चंचलता को सहकर भी टूटता नहीं, बल्कि और मजबूत होता है। "तोताचश्मी" केवल एक उपमा नहीं, बल्कि उस प्रवृत्ति का प्रतीक है जो दिखावे, झूठ और अस्थिरता से भरी होती है। यह रागणी मेरे भीतर की उस आवाज़ की अभिव्यक्ति है — जो प्रेम को केवल भाव नहीं, बल्कि सम्मान और सच्चाई से जोड़ती है।

5. साहित्यिक मूल्य और सामाजिक योगदान

- यह रचना हरियाणवी लोक साहित्य में श्रृंगार रस के विरोधात्मक पक्ष को सशक्त रूप से प्रस्तुत करती है।
- इसमें लोकभाषा की तीव्रता, भावनात्मक गहराई, और सामाजिक चेतना का सुंदर समन्वय है।
- यह रचना युवा संवाद, नारी-पुरुष संबंध विमर्श, और लोक मंचों पर प्रभावी रूप से प्रस्तुत की जा सकती है।
- यह रचना अविकावनी हरयाणवी रागणी संग्रह में एक तीव्र, आत्मिक और साहित्यिक गहराई जोड़ती है — जो पाठकों को न केवल भावनात्मक रूप से स्पर्श करती है, बल्कि उन्हें आत्मसम्मान और विवेक की दिशा में प्रेरित भी करती है।

वक्तव्य रागणी 20 – सातमा फेरा

"सातमा फेरा" रागणी उस स्त्री की आत्मगाथा है जो विवाह के सात फेरों में **अपना सब कुछ खो बैठती है—घर, गोत्र, पहचान और आत्मसम्मान।** यह रचना एक **सांस्कृतिक दस्तावेज़** है, जो हरियाणवी समाज में विवाह के बाद स्त्री के जीवन में आने वाले **सामाजिक, भावनात्मक और आर्थिक संघर्षों** को उजागर करती है।

मैंने इस रचना में उस पीड़ा को स्वर दिया है जो तब जन्म लेती है जब **मंगलसूत्र पहनने के बाद भी स्त्री को प्रेम नहीं, पीड़ा मिलती है।** वह अपने माता-पिता, भाई-बंधु, गोत्र और आत्मा को त्यागकर साजन की छाया बनती है, पर बदले में उसे **नील, ताने, दहेज की मांग और अपमान** मिलता है। यह रागणी कहती है कि **विवाह अगर सम्मान नहीं देता, तो वह बंधन नहीं, बंधन की बेड़ी है।**

यह रचना उन पाठकों के लिए है जो सोचते हैं कि विवाह केवल उत्सव है—मैं कहना चाहता हूँ, **विवाह तब तक पवित्र है जब उसमें प्रेम, सम्मान और समरसता हो।** यह रागणी उस स्त्री की आवाज़ है जो कहती है कि **दहेज के लोभी, रीढ़विहीन पुरुष और दिखावे के पहरेदारों ने उसकी आत्मा को कुचल दिया।**

मैंने इसे इसलिए लिखा क्योंकि मुझे लगा कि हरियाणवी लोक साहित्य में **स्त्री के विवाहोपरांत संघर्षों को सजीव रूप में प्रस्तुत करना ज़रूरी है**—ताकि समाज केवल रस्मों पर न रुके, बल्कि **रिश्तों की सच्चाई को भी देखे।** यह रचना एक **सांस्कृतिक चेतावनी** है, जो कहती है: **"डूब कै मरज्या, खा कै धन हराम पिया।"**

हरयाणवी रागणी 20 - सातमा फेरा

सातमा फेरा लेते ही मेरा, छुटग्या घर और धाम पिया
मात पिता सँग बन्धु छुट्टे, मेरा छुटग्या गोत्र नाम पिया

निज का गौत्र त्याग सजन का, नाम गौत अपणाया
अपणी हस्ती मिटाकै साजन, मैं तै बणगी तेरी छाया
जित भी कदम धरे साजन मनै, अपणा शीश निवाया
मेरे मात-पिता गए छूट सजन, मनै तेरा सहारा पाया
मेरे यकीन की धज्जी उड़गी, मनै पी लिया दर्दे जाम पिया

मंगलसूत्र पहर सजन मनै, तज दिया कुटुंब क़बीला
करकै शादी मेरी गैल में, तूँ तो बणग्या प्यार वसीला
दो दिन भीतर सूख गया फेर, तेरे प्यार का किल्ला
तनै मार मार कै नील गेर दिए, कितै लाल कितै लीला
पैसे गाड़ी मांग मांग कै, तनै तार लिया मेरा चाम पिया

न्यू सोचूँ थी एक छुटा तै, मनै दूजा कुणबा मिलग्या
पर यो जजमा भी थोड़े दिन में, पत्ते की ज्यूँ हिलग्या
सुण सुण ताने सास ससुर के, मेरा काळजा छिलग्या
पाँच लाख और एक गाडी में, था सबका चेहरा खिलग्या
दहेज देण में मेरा बाबुल बिकग्या, घर भी होया नीलाम पिया

धन के लोभी कापुरुषां की, दुनिया मे होगी भरमार
घर में ढावैं जुल्म बीर पै, बणैं बाहर बीर के पहरेदार
बिना रीढ़ के ढ़ोंगी माणस, औरत पै करैं अत्याचार
कुछ छूटैं कुछ जळ कै मरज्यां, बेबस दुखिया और लाचार
कहै आनन्द शाहपुर डूब कै मरज्या, खा कै धन हराम पिया

समीक्षा रागणी 20 - सातमा फेरा

रचना "सातमा फेरा – नई हरयाणवी रागणी" हरियाणवी लोक साहित्य में नारी पक्ष की पीड़ा, सामाजिक विडंबना और विवाह व्यवस्था की कठोर सच्चाई को अत्यंत मार्मिक और सशक्त स्वर में प्रस्तुत करती है। यह रागणी केवल एक स्त्री की कथा नहीं, बल्कि हजारों बेटियों की आवाज़ है — जो सात फेरों के बाद अपने अस्तित्व, सम्मान और सपनों की कीमत चुकाती हैं।

आइए इसे साहित्यिक दृष्टि से विश्लेषित करें:

1. रचना वर्गीकरण (Genre Classification)

श्रेणी	विवरण
रस	करुण, सामाजिक, प्रतिरोधात्मक
विषयवस्तु	विवाह के बाद स्त्री का त्याग, दहेज प्रथा, घरेलू हिंसा
शैली	आत्मकथात्मक, घोषणात्मक, लोक चेतना शैली
स्वरूप	अनुभवजन्य, भावप्रधान, लोक शैली में सामाजिक

2. पिंगल साहित्यिक समीक्षा (Pingal Analysis)

- छंद प्रकार: मुक्त रागणी छंद — प्रत्येक पंक्ति में लगभग 20–24 मात्राओं का प्रवाह।
- तुकांत और अनुप्रास: "धाम पिया–नाम पिया", "छाया–निवाया", "लीला–चाम पिया", "छिलग्या–नीलाम पिया" — ध्वनि सौंदर्य और लयबद्धता को सशक्त करते हैं।

- यति और गति: “मात पिता सँग बन्धु छुट्टे, मेरा छुटग्या गोत्र नाम पिया ...” जैसी पंक्तियाँ रचना को दृढ़ता और आत्मस्वरूप का निर्माण देती हैं।

यह छंद हरियाणवी लोकगायन की परंपरा में सहज रूप से फिट होता है — जहाँ भाव और लय शास्त्रीयता से अधिक महत्वपूर्ण हैं।

3. भाव विश्लेषण (Emotional & Thematic Analysis)

- विवाह के बाद स्त्री का त्याग: “छुटग्या घर और धाम पिया”, “मात पिता सँग बन्धु छुट्टे” — विवाह के साथ जुड़ी सामाजिक विस्थापन की पीड़ा।
- घरेलू हिंसा और धोखा: “नील गेर दिए”, “तनै तार लिया मेरा चाम पिया” — प्रेम की आड़ में शोषण और अत्याचार।
- दहेज प्रथा की क्रूरता: “पाँच लाख और एक गाडी में, था सबका चेहरा खिलग्या” — स्त्री को वस्तु की तरह देखा जाना।
- सामाजिक विडंबना: “बणैं बाहर बीर के पहरेदार” — घर में अत्याचार और बाहर सम्मान का दिखावा।
- नारी पक्ष की चेतना: “कहै आनन्द शाहपुर डूब कै मरज्या...” — समाज के दोहरेपन पर तीखा प्रतिरोध।

4. लेखकीय टिप्पणी (Author’s Reflection)

यह रचना उस स्त्री स्वर की पुकार है — जो विवाह के नाम पर अपना सब कुछ खो देती है, और बदले में उसे मिलता है धोखा, हिंसा और तिरस्कार। “सातमा फेरा” केवल एक रस्म नहीं, बल्कि एक मोड़ है — जहाँ एक बेटी का जीवन बदलता है, पर अक्सर उसकी गरिमा मिट जाती है। यह रागणी एक चेतावनी है — समाज को, व्यवस्था को, और उन पुरुषों को जो स्त्री को केवल सौदा समझते हैं।

5. साहित्यिक मूल्य और सामाजिक योगदान

- यह रचना हरियाणवी लोक साहित्य में नारी पक्ष की सामाजिक चेतना का सशक्त उदाहरण है।
- इसमें लोकभाषा की तीव्रता, भावनात्मक गहराई, और सामाजिक आलोचना का सुंदर समन्वय है।
- यह रचना नारी विमर्श, दहेज विरोध मंचों, और सामाजिक सुधार सभाओं में प्रस्तुत करने योग्य है।
- यह रचना अविकावनी हरयाणवी रागणी संग्रह में एक गहन, आत्मिक और साहित्यिक गहराई जोड़ती है — जो पाठकों को न केवल भावनात्मक रूप से स्पर्श करती है, बल्कि उन्हें सामाजिक सुधार की दिशा में सोचने और जागने के लिए प्रेरित भी करती है।

वक्तव्य रागणी 21 – हरियाणे की सभ्यता और संस्कृति

"हरियाणे की सभ्यता और संस्कृति" रागणी उस क्षण की पुकार है जब लोकमंचों पर **अर्धनगन नृत्य, द्विअर्थी गीत और रिश्तों की खिल्ली** उड़ाई जाती है, और उसे "लोककला" कहकर परोसा जाता है। यह रचना एक **सांस्कृतिक प्रतिरोध** है—जो कहती है कि **लोकगीतों का उद्देश्य मनोरंजन नहीं, बल्कि लोकमानस का जागरण होना चाहिए।**

मैंने इस रचना में उस पीड़ा को स्वर दिया है जो तब जन्म लेती है जब **शब्दों की गरिमा गिरती है, रिश्तों की मर्यादा टूटती है, और कविताई केवल कमाई का साधन बन जाती है।** यह रागणी कहती है कि **नाचने-गाने में दोष नहीं, पर जब वह अश्लीलता और दिखावे में बदल जाए, तो वह कला नहीं, अपमान बन जाती है।**

यह रचना उन पाठकों के लिए है जो सोचते हैं कि **लोककला में सब चलता है**—मैं कहना चाहता हूँ, **लोककला वही है जो लोक की आत्मा को छू सके, न कि उसकी आँखें झुका दे।** यह रागणी हरियाणवी जनमानस को याद दिलाती है कि **हमारी संस्कृति केवल परंपरा नहीं, बल्कि जिम्मेदारी है।**

मैंने इसे इसलिए लिखा क्योंकि मुझे लगा कि हरियाणवी साहित्य में **संस्कृति की रक्षा के लिए स्पष्ट और निर्भीक स्वर उठाना ज़रूरी है।** यह रचना एक **सांस्कृतिक संकल्प** है—जो कहती है: **"गन्दा गाणा गाओ ना, कविताई में गन्दी कार कमाओ ना।"**

हरयाणवी रागणी 21 - हरियाणे की सभ्यता और संस्कृति

हरियाणे की सभ्यता और, संस्कृति कै बट्टा लाओ ना
लिहाज़ शर्म कुछ बाकि हो तै, गन्दा गाणा गाओ ना

नाचण में कोई दोष नहीं, या दुनिया रँग बिरँगी है
नाचो गाओ ख़ुशी मनाओ, कौण कहै बेढ़ंगी है
अर्धनगन क्यूँ हो कै नाचो, के वस्त्र की तंगी है
सारी दुनिया तानें मारै, या असंस्कारी नंगी है
ओछे कपड़े, गन्दा गाणा, यो नँगा नाच नचाओ ना

बन्द कमरे में लाइव पै करै, के घरक्या आगै कर लेगी
जब स्याणे हो तेरे बालक देखैं, तूँ आप शर्म तै मर लेगी
बदन दिखाकै करै कमाई, के पाप खढ़े नै भर लेगी
रकम आवणी जाणी सै, के छाती ऊपर धर लेगी
दस नौहां तै करो कमाई, पाप कर्म का खाओ ना

जीजा साली, देवर भाभी, रिश्ते कद्र करण के हों
दोस्त दोस्ती, मित्र प्यारे, जग में प्यार परण के हों
जात पात और ताकत पैसा, अहँकार धरण के हों
दया भाव और शील सुभा, ये खेवा पार तिरण के हों
धर्म छोड़ के अधर्म करते, कुल कै स्याही लाओ ना

तेरे हाथ में थमी लेखनी या विषधर के समान हो सै
दोमुँही निभ फटी बीच तै, इकी दोधारी ज़ुबान हो सै
काळी जीभ, द्विअर्थी मायने, कवियां की दूकान हो सै
सच की ईंट, धर्म के रोड़े, कविताई की ज्यान हो सै
आनन्द शाहपुर कविताई में, गन्दी कार कमाओ ना

समीक्षा रागणी 21 - हरियाणे की सभ्यता और संस्कृति

रचना "हरियाणे की सभ्यता और संस्कृति" एक सशक्त, चेतनात्मक और नैतिक दृष्टि से गहन रागणी है — जो हरियाणवी समाज में बढ़ती सांस्कृतिक विकृति, अश्लीलता और मूल्यों के पतन पर तीखा प्रतिरोध दर्ज करती है। यह रचना न केवल एक साहित्यिक हस्तक्षेप है, बल्कि एक सामाजिक बिगुल है — जो लोक चेतना को झकझोरती है और सभ्यता की पुनर्स्थापना की मांग करती है।
आइए इसे साहित्यिक दृष्टि से विश्लेषित करें:

1. रचना वर्गीकरण (Genre Classification)

श्रेणी	विवरण
रस	शांत, सामाजिक, प्रतिरोधात्मक
विषयवस्तु	सांस्कृतिक पतन, अश्लीलता का विरोध, नैतिक चेतना
शैली	घोषणात्मक, विवेचनात्मक, लोक चेतना शैली
स्वरूप	अनुभवजन्य, नैतिक दृष्टि से प्रेरित, लोक शैली में

2. पिंगल साहित्यिक समीक्षा (Pingal Analysis)

- छंद प्रकार: मुक्त रागणी छंद — प्रत्येक पंक्ति में लगभग 20–24 मात्राओं का प्रवाह।

- तुकांत और अनुप्रास: "गाओ ना–नचाओ ना", "कर लेगी–मर लेगी", "खाओ ना–लाओ ना" — ध्वनि सौंदर्य और लयबद्धता को सशक्त करते हैं।
- यति और गति: "हरियाणे की सभ्यता और..." जैसी पंक्ति रचना को सांस्कृतिक चेतना और नैतिक दृढ़ता से भर देती है।

यह छंद हरियाणवी लोकगायन की परंपरा में सहज रूप से फिट होता है — जहाँ भाव और लय शास्त्रीयता से अधिक महत्वपूर्ण हैं।

3. भाव विश्लेषण (Emotional & Thematic Analysis)

- सांस्कृतिक पतन की आलोचना: "अर्धनगन क्यूँ हो कै नाचो", "गन्दा गाणा गाओ ना" — अश्लीलता और दिखावे पर तीखा विरोध।
- नैतिक चेतावनी: "जब स्याणे हो तेरे बालक देखैं..." — आने वाली पीढ़ी पर पड़ते प्रभाव की चिंता।
- रिश्तों की गरिमा: "जीजा साली, देवर भाभी..." — पारिवारिक संबंधों की मर्यादा और सामाजिक शुचिता।
- धर्म और लेखनी की जिम्मेदारी: "तेरे हाथ में थमी लेखनी या विषधर के समान हो सै" — साहित्यकारों की भूमिका और भाषा की मर्यादा।
- कविताई की गरिमा: "सच की ईंट, धर्म के रोड़े..." — रचनात्मकता को धर्म, सत्य और विवेक से जोड़ने की पुकार।

4. लेखकीय टिप्पणी (Author's Reflection)

यह रचना मेरे भीतर की उस पीड़ा और चेतना की अभिव्यक्ति है — जो हरियाणे की मूल संस्कृति को अश्लीलता, दिखावे और नैतिक पतन से घिरते देखती है। "गन्दा गाणा गाओ ना" केवल एक पंक्ति नहीं, बल्कि एक सामाजिक उद्घोषणा है — कि लोक साहित्य, लोक नृत्य और लोक जीवन

को गरिमा, मर्यादा और विवेक से जोड़ा जाए। यह रागणी एक बिगुल है — पुनरुद्धार का, आत्ममंथन का, और लोक चेतना का।

5. साहित्यिक मूल्य और सामाजिक योगदान

- यह रचना हरियाणवी लोक साहित्य में नैतिक चेतना और सांस्कृतिक पुनरुद्धार का सशक्त उदाहरण है।
- इसमें लोकभाषा की तीव्रता, सांस्कृतिक आलोचना, और साहित्यिक गरिमा का सुंदर समन्वय है।
- यह रचना सांस्कृतिक मंचों, नैतिक विमर्श, और लोक साहित्य गोष्ठियों में प्रस्तुत करने योग्य है।
- यह रचना अविकावनी हरयाणवी रागणी संग्रह में एक विवेकपूर्ण, सामाजिक और साहित्यिक गहराई जोड़ती है — जो पाठकों को न केवल सोचने पर मजबूर करती है, बल्कि उन्हें सुधार की दिशा में प्रेरित भी करती है।

वक्तव्य रागणी 22 – दो रोटी

"दो रोटी" रागणी उस लोकस्वर की गूंज है जो **सच्चाई, ईमानदारी और आत्मबोध** को जीवन का मूल मानता है। यह रचना एक **सांस्कृतिक चेतावनी** है—जो कहती है कि **चोरी का धन मोरी में जाता है**, और **सच्ची तृप्ति केवल दो रोटी में है**, जो नेक कमाई से आई हो।

मैंने इस रचना में उस पीड़ा को स्वर दिया है जो तब जन्म लेती है जब **बेईमानी, अहंकार और रिश्वत** जीवन की नस-नस में समा जाते हैं। यह रागणी कहती है कि **माटी से जन्मा मनुष्य माटी में ही मिल जाता है**, फिर भी वह **महल, हवेली और पाप की गठड़ी** उठाए फिरता है। यह रचना एक **आत्मिक प्रश्न** है—कि जब सब कुछ नश्वर है, तो **पाप की कमाई किसके लिए?**

यह रचना उन पाठकों के लिए है जो सोचते हैं कि **धन ही जीवन का लक्ष्य है**—मैं कहना चाहता हूँ, **धन तब तक सार्थक है जब वह धर्म से जुड़ा हो, और जीवन तब तक गरिमामय है जब वह सच्चाई से जिया जाए।** यह रागणी हरियाणवी जनमानस को याद दिलाती है कि **जीवन की असली पूँजी दो रोटी है, जो आत्मा को तृप्त करे, न कि दिखावे को।**

मैंने इसे इसलिए लिखा क्योंकि मुझे लगा कि हरियाणवी साहित्य में **नैतिकता और आत्मबोध की आवाज़ को सहेजना ज़रूरी है**—ताकि समाज केवल बाहरी चमक पर न रुके, बल्कि **भीतर की सच्चाई को भी देखे।** यह रचना एक **सांस्कृतिक दीपशिखा** है, जो कहती है: **"चोरी का धन मोरी में जा, खाणी सैं दो रोटी।"**

हरयाणवी रागणी 22 - दो रोटी

नेक कमाई करिए बन्दे, ना कार कमाइए खोटी
चोरी का धन मोरी में जा, खाणी सैं दो रोटी

तूं भी माटी तेरे तन पै माटी, सब माटी बीच समावै सै
सब कुछ माटी हो ज्या सै क्यूं, पाप की गठड़ी ठावै सै
किसके लिए कमावै सै या, रिश्वत ले ले मोटी
चोरी का धन मोरी में जा, खाणी सैं दो रोटी

मैं मैं, मैं मैं, मेरा मेरी, मैं नस नस के म्ह समा गई
बेईमानी और अहंकार नै, नस नस के म्ह रमा गई
तेरी बुद्धि पै रू जमा गई, देइ खेल समय नै गोटी
चोरी का धन मोरी में जा, खाणी सैं दो रोटी

इस काया का के करले जब, आग के बीच धकेली जा
जीव आत्मा सौंपी जा सै, के करले महल हवेली का
कुछ बनै ना पिसे धेली का, जब चलै काळ की सोटी
चोरी का धन मोरी में जा, खाणी सैं दो रोटी

तूं नई योजना त्यार करै, वो पहलम लिखकै धर रहया सै
गुरू पालेराम कै आनन्द शाहपुर, रोज हाजरी भर रहया सै
गुरू घणी सहाई कर रहया सै तूं, रच बड्डी या छोटी
चोरी का धन मोरी में जा, खाणी सैं दो रोटी

समीक्षा रागणी 22 - दो रोटी

रचना “दो रोटी – नई हरयाणवी रागणी” एक अत्यंत सशक्त, नैतिक और दार्शनिक लोक स्वर है — जो जीवन की सच्चाई, ईमानदारी की महत्ता और पाप की नश्वरता को हरियाणवी शैली में गहराई से प्रस्तुत करता है। यह रागणी न केवल एक आत्मचेतना है, बल्कि समाज के हर वर्ग को आईना दिखाने वाली पुकार भी है।
आइए इसे साहित्यिक दृष्टि से विश्लेषित करें:

1. रचना वर्गीकरण (Genre Classification)

श्रेणी	विवरण
रस	शांत, दार्शनिक, सामाजिक
विषयवस्तु	ईमानदारी बनाम बेईमानी, जीवन की नश्वरता,
शैली	घोषणात्मक, विवेचनात्मक, लोक नैतिकता शैली
स्वरूप	अनुभवजन्य, आत्मबोध से प्रेरित, लोक शैली में नैतिक

2. पिंगल साहित्यिक समीक्षा (Pingal Analysis)

- छंद प्रकार: मुक्त रागणी छंद — प्रत्येक पंक्ति में लगभग 20–24 मात्राओं का प्रवाह।
- तुकांत और अनुप्रास: “खोटी–दो रोटी”, “मोटी–दो रोटी”, “गोटी–दो रोटी”, “सोटी–दो रोटी” — ध्वनि सौंदर्य और लयबद्धता को सशक्त करते हैं।
- यति और गति: “चोरी का धन मोरी में जा, खाणी सैं दो रोटी” की पुनरावृत्ति से रचना में नैतिक दृढ़ता और दार्शनिक गहराई

का निर्माण होता है। यह छंद हरियाणवी लोकगायन की परंपरा में सहज रूप से फिट होता है — जहाँ भाव और लय शास्त्रीयता से अधिक महत्वपूर्ण हैं।

3. भाव विश्लेषण (Emotional & Thematic Analysis)

- ईमानदारी की महत्ता: "नेक कमाई करिए बन्दे..." — जीवन में सच्ची कमाई ही सार्थक है। बेईमानी और अहंकार की आलोचना: "बेईमानी और अहंकार नै, नस नस के म्ह रमा गई" — आत्मा तक भ्रष्ट हो जाना।
- जीवन की नश्वरता: "सब माटी बीच समावै सै", "आग के बीच धकेली जा" — शरीर, धन और महल सब मिट्टी में मिलते हैं।
- धार्मिक और गुरु प्रेरणा: "गुरू पालेराम कै आनन्द शाहपुर..." — सच्चे मार्गदर्शन की सराहना और आध्यात्मिक सहारा।

4. लेखकीय टिप्पणी (Author's Reflection)

यह रचना मेरे भीतर की उस आत्मचेतना की अभिव्यक्ति है — जो जीवन की सच्चाई को समझने और समझाने के लिए उपजी। "दो रोटी" केवल भोजन नहीं, बल्कि एक प्रतीक है — संतोष, ईमानदारी और आत्मसम्मान का। यह रागणी उस समाज को संबोधित है जो धन के पीछे भागते हुए आत्मा की शांति खो बैठा है। यह एक पुकार है — सच्चे जीवन की ओर लौटने की।

5. साहित्यिक मूल्य और सामाजिक योगदान

- यह रचना हरियाणवी लोक साहित्य में नैतिकता और आत्मबोध का सशक्त उदाहरण है। इसमें लोकभाषा की मिठास, दार्शनिक गहराई, और सामाजिक चेतना का सुंदर समन्वय है।
- यह रचना धार्मिक मंचों, नैतिक शिक्षा सभाओं, और सामाजिक सुधार गोष्ठियों में प्रस्तुत करने योग्य है।
- यह रचना अविकावनी हरयाणवी रागणी संग्रह में एक गहन, आत्मिक और साहित्यिक गहराई जोड़ती है — जो पाठकों को न केवल सोचने पर मजबूर करती है, बल्कि उन्हें सच्चे जीवन की ओर प्रेरित भी करती है।

वक्तव्य रागणी 23 – पर्यावरण

"पर्यावरण" रागणी उस लोकस्वर की गूंज है जो **धरती, जल, वायु और जीवन के संतुलन** को समझने और सहेजने की पुकार है। यह रचना एक **सांस्कृतिक चेतावनी** है—जो कहती है कि **पेड़ काटने, नदी सुखाने, और हवा जहरी बनाने** से जो विनाश होगा, वह केवल बाहर नहीं, भीतर भी होगा।

मैंने इस रचना में उस पीड़ा को स्वर दिया है जो तब जन्म लेती है जब **मनुष्य अपने स्वार्थ में अंधा होकर प्रकृति को लूटता है**, और फिर **बाढ़, सूखा, सुनामी और प्रदूषण से डरता है।** यह रागणी कहती है कि **कुदरत की चाल धीमी नहीं, गहरी होती है—वह एक पग में योजन भरती है।**

यह रचना उन पाठकों के लिए है जो सोचते हैं कि **प्रगति केवल निर्माण में है**—मैं कहना चाहता हूँ, **प्रगति तब तक सार्थक है जब वह संतुलन से जुड़ी हो।** यह रागणी हरियाणवी जनमानस को याद दिलाती है कि **धरती केवल संसाधन नहीं, माँ है—और माँ को उजाड़ने वाला कभी सुखी नहीं होता।**

मैंने इसे इसलिए लिखा क्योंकि मुझे लगा कि हरियाणवी साहित्य में **पर्यावरणीय चेतना को लोकस्वर में सहेजना ज़रूरी है**, ताकि यह संदेश केवल किताबों में नहीं, **गांव की चौपाल, खेत की मेड़ और गीत की गूंज में भी पहुँचे।** यह रचना एक **सांस्कृतिक संकल्प** है—जो कहती है: **"तूं भाज भाज कै थक लेगा, वो एक पग में योजन भरता है।"**

हरयाणवी रागणी 23 - पर्यावरण

तूं कितना ए जतन लगाले बन्दे वो पल में प्रलय करता है
तूं भाज भाज कै थक लेगा, वो एक पग में योजन भरता है

तनै पेड़ अर पौधे काट काट कै, जंगल नदी उजाड़ दिए
पर्वत घाटी काट काट कै, खनिज और पत्थर काढ़ लिए
उनै बाढ़ के पंजे गाड़ दिए, इब क्यूं ज्यान बचाए फिरता है
तूं भाज भाज कै थक लेगा, वो एक पग में योजन भरता है

तनै सारी ए धरती बंजर करदी, मार कै खाद दवाई
खान पान सब जहरी कर दिया, जहरी ए हवा बणाई
तनै अपनी शामत आप बुलाई, वो तौल तौल कै धरता है
तूं भाज भाज कै थक लेगा, वो एक पग में योजन भरता है

धरती थोथी करकै नै तनै, सारा पाणी खींच लिया
पीवण नै भी छोड़या ना तनै, आंगण बाड़ी सींच लिया
उनै दया का पंजा भींच लिया इब, बूंद बूंद नै मरता है
तूं भाज भाज कै थक लेगा, वो एक पग में योजन भरता है

कई कई मंजिल भवन बणा लिए, कितै बारा कितै ठारा
पहाड़ दरकगे नदी उफणगी, तेरा कुछ ना चाल्या चारा
कदे सुनामी कदे हल्लण आ रहया, फिर कुदरत से क्यूं डरता है
तूं भाज भाज कै थक लेगा, वो एक पग में योजन भरता है

गुरु पालेराम नै पकड़ आंगली कथना रचना सिखा दिया
के आच्छा के बुरा जगत में शीशे की ज्यूं दिखा दिया
उनै कड़वा मीठा चखा दिया वो जीवन के दुख हरता है
तूं भाज भाज कै थक लेगा, वो एक पग में योजन भरता है

समीक्षा रागणी 23 - पर्यावरण

रचना “पर्यावरण – नई हरयाणवी रागणी” एक चेतनात्मक, दार्शनिक और सामाजिक दृष्टि से अत्यंत प्रासंगिक रचना है — जो मनुष्य की प्रकृति के प्रति लापरवाही, लालच और विनाशकारी प्रवृत्तियों पर तीखा और विवेकपूर्ण प्रहार करती है। यह रागणी कुदरत के न्याय और मानव की सीमितता को हरियाणवी लोक शैली में गहराई से उद्घाटित करती है। आइए इसे साहित्यिक दृष्टि से विश्लेषित करें:

1. रचना वर्गीकरण (Genre Classification)

श्रेणी	विवरण
रस	शांत, दार्शनिक, सामाजिक
विषयवस्तु	पर्यावरण विनाश, प्रकृति का प्रतिशोध, मानव की
शैली	घोषणात्मक, विवेचनात्मक, लोक चेतना शैली
स्वरूप	अनुभवजन्य, चेतनात्मक, लोक शैली में नैतिक

2. पिंगल साहित्यिक समीक्षा (Pingal Analysis)

- छंद प्रकार: मुक्त रागणी छंद — प्रत्येक पंक्ति में लगभग 20–24 मात्राओं का प्रवाह।
- तुकांत और अनुप्रास: “करता है–भरता है”, “दिए–काढ़ लिए”, “दवाई–बणाई”, “मरता है–धरता है” — ध्वनि सौंदर्य और लयबद्धता को सशक्त करते हैं।

- यति और गति: "तूं भाज भाज कै थक लेगा, वो एक पग में योजन भरता है" की पुनरावृत्ति से रचना में दार्शनिक गहराई और प्रकृति की विराटता का बोध होता है।

यह छंद हरियाणवी लोकगायन की परंपरा में सहज रूप से फिट होता है — जहाँ भाव और लय शास्त्रीयता से अधिक महत्वपूर्ण हैं।

3. भाव विश्लेषण (Emotional & Thematic Analysis)

- प्रकृति के प्रति लापरवाही: "पेड़ पौधे काट काट कै, जंगल नदी उजाड़ दिए" — मानव द्वारा पर्यावरण का दोहन।
- प्रकृति का प्रतिशोध: "बाढ़ के पंजे गाड़ दिए", "कदे सुनामी कदे हल्लण" — कुदरत का संतुलन बिगड़ने पर उसका उत्तर।
- मानव की सीमितता: "तूं भाज भाज कै थक लेगा…" — मनुष्य की योजनाएँ प्रकृति के आगे तुच्छ हैं।
- आध्यात्मिक मार्गदर्शन: "गुरु पालेराम नै पकड़ आंगली…" — सही दिशा की ओर प्रेरणा और विवेक का आलोक।

4. लेखकीय टिप्पणी (Author's Reflection)

यह रचना मेरे भीतर की उस चेतना की पुकार है — जो प्रकृति के साथ हो रहे अन्याय को देखकर जन्मी। "तूं भाज भाज कै थक लेगा…" केवल एक पंक्ति नहीं, बल्कि एक चेतावनी है — कि कुदरत के साथ खिलवाड़ करने वाला मनुष्य अंततः उसी के न्याय से पराजित होता है। यह रागणी एक सामाजिक और आध्यात्मिक बिगुल है — जो मनुष्य को विनम्रता, विवेक और संतुलन की ओर बुलाती है।

5. साहित्यिक मूल्य और सामाजिक योगदान

- यह रचना हरियाणवी लोक साहित्य में पर्यावरण चेतना और दार्शनिक दृष्टि का सशक्त उदाहरण है।
- इसमें लोकभाषा की तीव्रता, प्रकृति के प्रति संवेदना, और आध्यात्मिक मार्गदर्शन का सुंदर समन्वय है।
- यह रचना पर्यावरण जागरूकता मंचों, शिक्षण संस्थानों, और सामाजिक सुधार सभाओं में प्रस्तुत करने योग्य है।
- यह रचना अविकावनी हरयाणवी रागणी संग्रह में एक गहन, विवेकपूर्ण और साहित्यिक गहराई जोड़ती है — जो पाठकों को न केवल सोचने पर मजबूर करती है, बल्कि उन्हें प्रकृति के प्रति संवेदनशील और जिम्मेदार बनने की प्रेरणा भी देती है।

वक्तव्य रागणी 24 – निर्भया

"निर्भया" रागणी उस **अंतहीन पीड़ा और असहनीय अन्याय** की गवाही है, जो एक मासूम बच्ची से लेकर हर रोज़ स्कूल, बस, रेल और गली में चलती स्त्री तक को झेलनी पड़ती है। यह रचना केवल निर्भया की नहीं, बल्कि **हर निर्भया की पुकार** है—जो कहती है कि **अब चुप्पी नहीं, जवाब चाहिए।**

मैंने इस रचना में उस पीड़ा को स्वर दिया है जो **नारी देह को भोग की वस्तु समझने वाले मानसिक दरिंदों** से उपजती है। यह रागणी कहती है कि **इज्जत की लूट केवल तन की नहीं, आत्मा की हत्या है।** जब बच्चियाँ स्कूल जाते हुए डरें, जब महिलाएँ सफर में सटने से बचें, और जब समाज मोमबत्ती जलाकर चुप हो जाए—तो यह **सभ्यता नहीं, शर्म है।**

यह रचना उन पाठकों के लिए है जो सोचते हैं कि **समस्या केवल कानून की है**—मैं कहना चाहता हूँ, **समस्या मानसिकता की है, जो रिश्तों, नज़रों और शब्दों में छिपी हुई है।** यह रागणी एक **सांस्कृतिक प्रश्न** भी उठाती है—कि अगर औरत होना ही दुश्वार है, तो यह सृष्टि का विधान किसने रचा?

मैंने इसे इसलिए लिखा क्योंकि मुझे लगा कि हरियाणवी साहित्य में **नारी की असली पीड़ा को निर्भीक स्वर में सहेजना ज़रूरी है**—ताकि यह रचना केवल कविता न रहे, बल्कि **एक सामाजिक दस्तावेज़, एक चेतावनी और एक संकल्प** बन जाए। यह रागणी कहती है: **"आज मैं भी निर्भया बणा देइ, मेरी लाश पै कैंडल जळावैं सैं।"**

हरयाणवी रागणी 24 - निर्भया

वासना के भूखे दरिन्दे, याड़ै कदम कदम पै पावैं सैं
करकै इज्जत तार तार फेर, मौत के घाट पहुँचावैं सैं

मनै पता ना मेरी हस्ती नै, यो कौण मिटा कै चल्या गया
मैं तीन साल की बच्ची थी मनै, मौत की नींद सुल्या गया
मैं दर्द के मारे रोवण लागी, मेरा शरीर रौंद कै दल्या गया
बेदम होकै मेरी आँख पाटगी, वो बासु बलियाँ रुल्या गया
इब रक्त रंजित मेरी लाश पड़ी सब, नैना नीर बहावैं सैं

दस बारा आज बरस बीतगे, मनै स्कूल में जाती नै
लुँगाड़ा की फौज खड़ी रहै, मनै छेड़ै जाती आती नै
कोए नज़रां तै पीछा करता, कोए घूरै था मेरी छाती नै
घर वाळो को बता सकी ना, मैं तो खुद पै ही शरमाती नै
लूट कै इज्जत घाल कै फाँसी, इब पेड़्डां पै लटकावैं सैं

बस का सफर हो या रेल यात्रा, सब मैरै सटणा चाहवैं थे
सिरफिरे बदमाश अवारा, ना कुराह तै हटणा चाहवैं थे
हर हालत में मनै घेर कै, मैरै तन कै चिपटणा चाहवैं थे
पागल कुत्ते के माफ़िक, मेरा माँस झपटणा चाहवैं थे
आज मैं भी निर्भया बणा देइ, मेरी लाश पै कैंडल जळावैं सैं

हे पणमेशर तूँ हे बता तनै, यो कुणसा खेल रचाया सै
औरत होणा ही दुश्वर है तो, क्यूं औरत रूप बणाया सै
के सारी गलती नारी देह की, जो मानव मन भटकाया सै
तेरी माया नै समझ सके ना, ना यो भेद किसै नै पाया सै
गुरु पालेराम सुरग में जा लिए पर, आनन्द का ज्ञान बढावैं सैं

समीक्षा रागणी 24 - निर्भया

रचना “निर्भया – नई हरयाणवी रागणी” एक अत्यंत मार्मिक, क्रुद्ध और सामाजिक रूप से जागरूक रचना है — जो स्त्री के विरुद्ध हो रहे यौन हिंसा, सामाजिक चुप्पी और न्याय की विफलता पर तीखा प्रतिरोध दर्ज करती है। यह रागणी केवल एक पीड़िता की आवाज़ नहीं, बल्कि हर संवेदनशील आत्मा की पुकार है — जो न्याय, सुरक्षा और मानवीय गरिमा की मांग करती है।

आइए इसे साहित्यिक दृष्टि से विश्लेषित करें:

1. रचना वर्गीकरण (Genre Classification)

श्रेणी	विवरण
रस	करुण, वीर, सामाजिक
विषयवस्तु	यौन हिंसा, स्त्री अस्मिता, सामाजिक विडंबना
शैली	आत्मकथात्मक, प्रतिरोधात्मक, लोक चेतना शैली
स्वरूप	अनुभवजन्य, भावप्रधान, लोक शैली में न्याय की पुकार

2. पिंगल साहित्यिक समीक्षा (Pingal Analysis)

- छंद प्रकार: मुक्त रागणी छंद — प्रत्येक पंक्ति में लगभग 20–24 मात्राओं का प्रवाह।
- तुकांत और अनुप्रास: “पावैं सैं–पहुँचावैं सैं”, “दल्या गया–रुल्या गया”, “जाती नै–शरमाती नै”, “चाहवैं थे–झपटणा चाहवैं थे” — ध्वनि सौंदर्य और लयबद्धता को सशक्त करते हैं।

- यति और गति: “आज मैं भी निर्भया बणा देइ…” जैसी पंक्तियाँ रचना को भावनात्मक तीव्रता और सामाजिक प्रतिरोध से भर देती हैं।

यह छंद हरियाणवी लोकगायन की परंपरा में सहज रूप से फिट होता है — जहाँ भाव और लय शास्त्रीयता से अधिक महत्वपूर्ण हैं।

3. भाव विश्लेषण (Emotional & Thematic Analysis)

- निर्भया की पीड़ा: “मैं तीन साल की बच्ची थी…”, “रक्त रंजित मेरी लाश पड़ी…” — मासूमियत पर हुए अत्याचार की वीभत्सता।
- सामाजिक चुप्पी और शर्म: “मैं तो खुद पै ही शरमाती नै” — पीड़िता को ही दोषी ठहराने वाली मानसिकता।
- सार्वजनिक स्थानों में असुरक्षा: “बस का सफर हो या रेल यात्रा…” — स्त्री के लिए हर जगह खतरा।
- न्याय की विफलता और प्रतीकात्मकता: “मेरी लाश पै कैंडल जळावैं सैं” — न्याय की जगह भावनात्मक प्रदर्शन।
- दार्शनिक प्रश्न और ईश्वर से संवाद: “हे पणमेशर तूँ हे बता तनै…” — स्त्री के अस्तित्व पर गहन प्रश्न।

4. लेखकीय टिप्पणी (Author’s Reflection)

यह रचना मेरे भीतर की उस आग की अभिव्यक्ति है — जो हर बार किसी निर्भया की चीख सुनकर जल उठती है। यह केवल एक कविता नहीं, बल्कि एक सामाजिक दस्तावेज़ है — जो न्याय, सुरक्षा और संवेदना की मांग करता है। “निर्भया” एक नाम नहीं, एक प्रतीक है — उस हर स्त्री का, जो अपने अस्तित्व के लिए लड़ रही है। यह रागणी एक चेतावनी है — समाज को, व्यवस्था को, और उस मानसिकता को जो स्त्री को वस्तु समझती है।

5. साहित्यिक मूल्य और सामाजिक योगदान

- यह रचना हरियाणवी लोक साहित्य में नारी पक्ष की सामाजिक चेतना का सशक्त उदाहरण है।
- इसमें लोकभाषा की तीव्रता, भावनात्मक गहराई, और सामाजिक प्रतिरोध का सुंदर समन्वय है।
- यह रचना नारी विमर्श, यौन हिंसा विरोध मंचों, और सामाजिक सुधार सभाओं में प्रस्तुत करने योग्य है।
- यह रचना अविकावनी हरयाणवी रागणी संग्रह में एक गहन, विवेकपूर्ण और साहित्यिक गहराई जोड़ती है — जो पाठकों को न केवल भावनात्मक रूप से स्पर्श करती है, बल्कि उन्हें सामाजिक सुधार की दिशा में सोचने और जागने के लिए प्रेरित भी करती है।

वक्तव्य रागणी 25 – चुनावी शतुरमुर्ग

"चुनावी शतुरमुर्ग" रागणी उस लोकस्वर की गूंज है जो **वोट की ताकत और ज़मीर की कीमत** को समझने की पुकार है। यह रचना एक **सांस्कृतिक आत्मालोचना** है—जो कहती है कि जब मतदाता **नोटों, जाति, धर्म और झूठे वादों के जाल में फँस जाए**, तो लोकतंत्र केवल तमाशा बनकर रह जाता है।

मैंने इस रचना में उस पीड़ा को स्वर दिया है जो तब जन्म लेती है जब **विकास के मुद्दे सो जाते हैं**, और **ढोल-नगाड़े, शाल-दुशाले, देशी-विदेशी पेटियाँ** वोट की दिशा तय करने लगती हैं। यह रागणी कहती है कि **बटन दबाने से पहले ज़मीर जगाना ज़रूरी है**, वरना पाँच साल तक रोना पड़ता है।

यह रचना उन पाठकों के लिए है जो सोचते हैं कि **एक वोट से क्या फर्क पड़ता है**—मैं कहना चाहता हूँ, **एक वोट से सरकार बनती है, और सरकार से भविष्य।** यह रागणी हरियाणवी जनमानस को याद दिलाती है कि **चुनाव केवल उत्सव नहीं, उत्तरदायित्व है।**

मैंने इसे इसलिए लिखा क्योंकि मुझे लगा कि हरियाणवी साहित्य में **राजनीतिक चेतना को लोकस्वर में सहेजना ज़रूरी है**, ताकि यह संदेश केवल अखबारों में नहीं, **चौपालों, गीतों और जनसंवादों में भी गूंजे।** यह रचना एक **सांस्कृतिक चेतावनी** है—जो कहती है: **"इब शतुरमुर्ग की तरिया मनै, रेत में नाड़ गडो ली।"**

हरयाणवी रागणी 25 - चुनावी शतुरमुर्ग

विकास का मुद्दा ठावण आळी, वा पार्टी पड़कै सो ली
जो सरकार बणाई थी वा, मनै पाँच बरस तक रो ली

शाल दुशाले काम्बळ काळे, मनै धर लिए तह लगाकै
देशी इंग्लिश की पेटी भी, मनै धर ली गिणा गिणाकै
अरै वोट कितै और चोट कितै, मैं आग्या बटण दबाकै
नाच नाच कै ढोल बजाया, मनै पंगु सरकार बणाकै
इब शतुरमुर्ग की तरिया मनै, रेत में नाड़ गडो ली

देख देख कै नोटां की तह, मनै मन की लौ बुझा दी
अरै बेगैरत की ढाळ आत्मा, देकै लोभ सुवा दी
ले ले कै नै नोट करारे, मनै बोगस वोट घला दी
ज़मीर बेचकै सोदा पाड़या, बोटां की झड़ी लगा दी
इब पछता कै के फायदा जब, पाप में टाँग डबो ली

कदे धर्म पै कदे जात पै, कदे माणस ऊपर हार गया
कदे नामा कदे जड़ का सामा, वोट के ऊपर वार गया
कदे इंग्लिश कदे घर की काढी, गळ के नीचै तार गया
झूठ कपट बेईमानी का नश्तर, सबके भीतर पार गया
सच की घीटी पै पांह धरकै, मनै पाप की गठड़ी ढो ली

सही समय पै सही माणस नै, चुणने में हम फेल रहे
गुरु पालेराम की बोट की खातिर, बड़े बड़े पापड़ बेल रहे
अपणी बात बणावण खातिर, झूठ बवण्डर पेल रहे
पाप की लकड़ी, सच की गिंडु, टोरम टोरा खेल रहे
"आनन्द शाहपुर" चेत खड़या हो, क्यूँ नाश की राही टोह ली

समीक्षा रागणी 25 - चुनावी शतुरमुर्ग

रचना “चुनावी रागणी – शतुरमुर्ग” हरियाणवी लोक साहित्य में राजनीतिक चेतना, मतदाता की आत्मालोचना और लोकतंत्र की विडंबना को अत्यंत तीखे, व्यंग्यात्मक और विवेकपूर्ण स्वर में प्रस्तुत करती है। यह रागणी न केवल एक मतदाता की पीड़ा है, बल्कि समाज के सामूहिक विवेक को झकझोरने वाली पुकार भी है।
आइए इसे साहित्यिक दृष्टि से विश्लेषित करें:

1. रचना वर्गीकरण (Genre Classification)

श्रेणी	विवरण
रस	हास्य-व्यंग्य, सामाजिक, दार्शनिक
विषयवस्तु	चुनावी धोखा, मतदाता की भूल, लोकतंत्र का पतन
शैली	आत्मकथात्मक, व्यंग्यात्मक, लोक चेतना शैली
स्वरूप	अनुभवजन्य, प्रतिरोधात्मक, लोक शैली में राजनीतिक

2. पिंगल साहित्यिक समीक्षा (Pingal Analysis)

- छंद प्रकार: मुक्त रागणी छंद — प्रत्येक पंक्ति में लगभग 20–24 मात्राओं का प्रवाह।
- तुकांत और अनुप्रास: “सो ली–रो ली”, “गिणा गिणाकै–बटण दबाकै”, “डबो ली–घला दी”, “ढो ली–टोह ली” — ध्वनि सौंदर्य और लयबद्धता को सशक्त करते हैं।

- यति और गति: "इब शतुरमुर्ग की तरिया मनै, रेत में नाड़ गडो ली" जैसी पंक्ति रचना को प्रतीकात्मक तीव्रता और राजनीतिक व्यंग्य से भर देती है।

यह छंद हरियाणवी लोकगायन की परंपरा में सहज रूप से फिट होता है — जहाँ भाव और लय शास्त्रीयता से अधिक महत्वपूर्ण हैं।

3. भाव विश्लेषण (Emotional & Thematic Analysis)

- राजनीतिक धोखे की आलोचना: "जो सरकार बणाई थी वा, मनै पाँच बरस तक रो ली" — सत्ता में आने के बाद वादों का टूटना।
- मतदाता की आत्मालोचना: "ज़मीर बेचकै सोदा पाड़या..." — लोभ में आकर विवेक का त्याग।
- जाति, धर्म और दिखावे की राजनीति: "कदे धर्म पै कदे जात पै..." — मुद्दों से भटकाव और भावनात्मक शोषण।
- सत्य बनाम झूठ का संघर्ष: "पाप की लकड़ी, सच की गिंडु..." — नैतिकता की हार और झूठ की जीत।
- शतुरमुर्ग का प्रतीक: रेत में सिर गाड़ने वाला शतुरमुर्ग — जनता की आँख मूंद लेने की प्रवृत्ति।

4. लेखकीय टिप्पणी (Author's Reflection)

यह रचना मेरे भीतर की उस राजनीतिक चेतना की अभिव्यक्ति है — जो हर चुनाव के बाद ठगे गए मतदाता की आत्मा से निकलती है। "शतुरमुर्ग" केवल एक प्रतीक नहीं, बल्कि उस मानसिकता का चित्रण है जो सच्चाई से मुँह मोड़ लेती है। यह रागणी एक चेतावनी है — कि लोकतंत्र केवल वोट डालने से नहीं, विवेक से चलता है। यह रचना मतदाता, नेता और व्यवस्था — तीनों को आईना दिखाती है।

5. साहित्यिक मूल्य और सामाजिक योगदान

- यह रचना हरियाणवी लोक साहित्य में राजनीतिक व्यंग्य और मतदाता चेतना का सशक्त उदाहरण है।
- इसमें लोकभाषा की तीव्रता, प्रतीकात्मकता, और सामाजिक आलोचना का सुंदर समन्वय है।
- यह रचना चुनावी जागरूकता मंचों, लोक साहित्य गोष्ठियों, और राजनीतिक विमर्श सभाओं में प्रस्तुत करने योग्य है।
- यह रचना अविकावनी हरयाणवी रागणी संग्रह में एक तीव्र, विवेकपूर्ण और साहित्यिक गहराई जोड़ती है — जो पाठकों को न केवल सोचने पर मजबूर करती है, बल्कि उन्हें लोकतंत्र की गरिमा और जिम्मेदारी की ओर प्रेरित भी करती है।

वक्तव्य रागणी 26 – गुरू पालेराम दहिया श्रद्धांजलि

"गुरू पालेराम दहिया श्रद्धांजलि" रागणी उस **सांस्कृतिक दीपशिखा** की स्मृति है जिसने हरियाणवी रागणी को **सभ्यता, शील और सुर की गरिमा** दी। यह रचना केवल एक व्यक्ति की नहीं, बल्कि **हरियाणा की लोकआत्मा की श्रद्धांजलि** है—जो कहती है कि **गुरुजी मरते नहीं, वे लोकगीतों में अमर रहते हैं।**

मैंने इस रचना में उस जीवन यात्रा को स्वर दिया है जो **पन्द्रह मार्च 1956 से शुरू होकर 24 मई 2023 तक** हरियाणे की संस्कृति को **रंग, तर्ज, और रस** से सींचती रही। हलालपुर की पावन धरा पर जन्मे श्री पालेराम जी ने **रंगकाट की बादशाही, नई तरजों की रचना**, और **गायन की मर्यादा** को जिस ऊँचाई तक पहुँचाया, वह आज भी हर मंच पर गूंजती है।

यह रचना उन शिष्यों, कलाकारों और लोकप्रेमियों की ओर से एक **सांस्कृतिक प्रणाम** है—जो गुरुजी के चरणों में वाणी, सुर और संस्कार लेकर आगे बढ़े। "गुरुजी के जीवन के हर पड़ाव, संगत और योगदान को मैंने अपनी श्रद्धा और स्मृति से शब्दों में ढालने का प्रयास किया है—यह मेरी ओर से उनके प्रति सच्चा नमन है।"

मैंने इसे इसलिए संजोया क्योंकि मुझे लगा कि हरियाणवी साहित्य में **ऐसे गुरुजन की स्मृति को केवल आँसुओं से नहीं, बल्कि गीतों से सजाना चाहिए।** यह रचना एक **सांस्कृतिक स्तंभ** है—जो कहती है: **"मरया नहीं वो अमर हुया है, भाईचारा जोड़ कै चल्या गया।"**

रागणी 26 – गुरू पालेराम दहिया श्रद्धांजलि

गुरू जी की प्रथम बरसी पर महाशय पालेराम दहिया जी को समर्पित मेरी श्रद्धांजलि रागनी। आठ कली में गुरू जी को सच्ची श्रद्धांजलि।
तर्ज: घड़ी ना बीती ना पल गुजरे

सैन शिरोमणि, श्री पालेराम नै, संस्कृति का उत्थान करया
सोनीपत जिला, गाम हलालपुर, जग में रोशन नाम करया

सन चम्मन की, पन्द्रह मार्च, खुशियां ले कै आई थी
किशनी माता, पुत्तर पाकै, मन ही मन हरषाई थी
चंदराम, पिता के घर में, गीत बाकळी गाई थी
चाचा ताऊ, कुटुम्ब कबीला, घर घर बँटी मिठाई थी
चाचा ताऊ, कुटुम्ब कबीला, घर घर बँटी मिठाई थी
सोच समझ कै, उस बाळक का, धर्मपाल यो नाम धरया

हस्टपुष्ट और, निडर बाळक, चौगिरदे उल्लास होग्या
जितनी विद्या, मिली गुरु तै, पढ़ लिख कै नै पास होग्या
फेर इकलौता, कमाऊ पुत्तर, माँ बापां का ख़ास होग्या
बलबीर सिंह, गुरु अपणे का, चरणों का यो दास होग्या
बलबीर सिंह, गुरु अपणे का, चरणों का यो दास होग्या
ना ना करके, ना करी नौकरी, खुद पुश्तैनी काम करया

सन अस्सी में, बेड़ा बन्द हो, राग रागणी गावण लाग्या
नई नई तर्ज, बणाकै नै फेर, नए नए रँग ठावण लाग्या
कम्पीटिशन, होण लागगे, सुर की धाक जमावण लाग्या
रंगकाट का, बणकै बादशाह, न्याम ट्रॉफी ल्यावण लाग्या
रंगकाट का, बणकै बादशाह, न्याम ट्रॉफी ल्यावण लाग्या
ऐसा रंग, नहीं दुनिया में, जो श्री पालेराम नै नहीं भरया

रागणी 26 – गुरू पालेराम दहिया श्रद्धांजलि

धर्मपाल तै, पाले होग्या, चौगिरदे धूम मचा दी
पाले पाले, होण लागगी, जनता साथ नचा दी
लख्मी, बाजे मेहरसिंह की, ख्याति इसी रचा दी
रंगकाट और नई तरजां की, ला ला तह जचा दी
रंगकाट और नई तरजां की, ला ला तह जचा दी
सभ्यता से, गाई रागणी, जैसे बीच समन्दर जहाज तरया

शील सुभा का, सन्त आदमी, हरियाणे की ज्यान बण्या
हँसमुख चेहरा, ओजस वाणी, गायन रस की खान बण्या
फेर पालेराम, हलालपुर आला, दहिया गौत की शान बण्या
हलालपुर की, पावन धरा पै, श्री पालेराम अस्थान बण्या
हलालपुर की, पावन धरा पै, श्री पालेराम अस्थान बण्या
दहिया गोत और हलालपुरियाँ नै, संस्कृति पै अहसान धरया

मास्टर सतबीर, राजकिशन संग, सुर में सुर मिलाए थे
फेर सत्ते बाऊ, रणबीर, बाली, गैल भी रँग जमाए थे
रमेश किल्हावाड़ नै पालेराम के, किस्से खूब सुणाए थे
नरेन्द्र डाँगी, खरकिया के संग, लय बद्ध हो कै गाए थे
नरेन्द्र डाँगी, खरकिया के संग, लय बद्ध हो कै गाए थे
तर्ज भरो या रंगकाट हो, वो नहीं किसे तै कदे डरया

नरेन्द्र भाई, खरकराम जी, यो चेला ख़ास तराश दिया
अमित रोहणा की वाणी पे गुरु, पालेराम नै वास किया
मन्दीप मलिक पेप्सी शर्मा को, चरणों के मह दास किया
सतपाल, काळू जैसीपुर नै, गुरु नाम उज्जास किया
सतपाल, काळू जैसीपुर नै, गुरु नाम उज्जास किया
राजेश हाथी गाम सुनारिया, भला किसने गुरुजी नहीं वरया

रागणी 26 – गुरू पालेराम दहिया श्रद्धांजलि

आनन्द शाहपुर, के सिर पै वो, हाथ टेक कै चल्या गया
चौबीस मई, सन तेईस नै, वो छोड़के दुनिया चल्या गया
सारा देश, रोवता रहग्या, वो तोड़ कै नाता चल्या गया
मरया नहीं वो अमर हुया है, भाईचारा जोड़ कै चल्या गया
मरया नहीं वो अमर हुया है, भाईचारा जोड़ कै चल्या गया
कौण कहै सै, पाले मरग्या, वो मेरे हिरदे भीतर नहीं मरया

समीक्षा रागणी 26 – गुरू पालेराम दहिया

श्रद्धांजलि

यह रचना गुरूजी श्री पालेराम दहिया जी की प्रथम बरसी पर मेरी ओर से दी गई श्रद्धांजलि नहीं, बल्कि हरियाणवी लोक साहित्य की आत्मा को छूने वाला एक ऐतिहासिक दस्तावेज़ है। आठ कली में जिस भाव, तथ्य और श्रद्धा से गुरुजी के जीवन, योगदान और प्रभाव को पिरोया है — वह केवल स्मरण नहीं, बल्कि संस्कृति का पुनर्पाठ है।
यहाँ कुछ प्रमुख साहित्यिक और भावनात्मक विश्लेषण प्रस्तुत है, जो रचना की गरिमा को और स्पष्ट करता है:

भाव और श्रद्धा का विश्लेषण

- जन्म से लेकर अमरत्व तक की यात्रा: पन्द्रह मार्च से चौबीस मई तक की जीवन रेखा को जिस क्रम और संवेदना से प्रस्तुत किया है, वह एक पूर्ण जीवनचरित्र बन गया है।
- गुरु-शिष्य परंपरा का सम्मान: बलबीर सिंह, नरेन्द्र डाँगी, अमित रोहणा, मन्दीप मलिक, सतपाल, राजेश हाथी — इन नामों के साथ गुरुजी की वाणी की विरासत को अमर किया है।
- रंगकाट और गायन की क्रांति: "ऐसा रंग नहीं दुनिया में..." — यह पंक्ति केवल प्रशंसा नहीं, बल्कि सांगीतिक नवाचार की ऐतिहासिक स्वीकृति है।
- ग्राम हलालपुर और दहिया गोत्र की गरिमा: गुरुजी को स्थानीयता से वैश्विकता तक पहुँचाया — "हलालपुर की पावन धरा पै... संस्कृति पै अहसान धरया"।

साहित्यिक विशेषताएँ

तत्व	विश्लेषण
छंद	आठ कली में लयबद्धता और भाव की गहराई
तर्ज	"घड़ी ना बीती ना पल गुजरे" — एक भावुक और
अनुप्रास	"बण्या–धरया", "गाए थे–डरया", "वरया–मरया" —
पुनरावृत्ति	अंतिम पंक्तियों की दोहराव से श्रद्धा की गूंज

सांस्कृतिक योगदान

- यह रचना गुरु पालेराम जी को केवल श्रद्धांजलि नहीं, बल्कि हरियाणवी लोक साहित्य के शिखर पुरुष के रूप में स्थापित करती है।
- गुरु-शिष्य परंपरा, ग्राम गौरव, सांगीतिक नवाचार, और सामाजिक भाईचारे को एक साथ पिरोया है।
- यह रचना सांस्कृतिक मंचों, स्मृति सभाओं, और लोक साहित्य गोष्ठियों में पाठ और गायन के लिए आदर्श है।

लेखकीय टिप्पणी (मेरे भावों की ओर से)

यह रचना मेरे हृदय की उस गहराई से उपजी है, जहाँ गुरुजी की वाणी, उनका स्नेह, और उनका मार्गदर्शन आज भी गूंजता है। "कौण कहै सै, पाले मरग्या..." — यह पंक्ति मेरे भीतर की सच्चाई है। उन्होंने केवल रागणी नहीं दी, उन्होंने जीवन का सुर दिया।

वक्तव्य रागणी 27 – बुढ़ापा

"बुढ़ापा" रागणी उस **अंतर्मन की चीख** है जो जीवन के अंतिम पड़ाव पर **सम्मान की जगह तिरस्कार**, और **सहारे की जगह अकेलापन** पाता है। यह रचना एक **सांस्कृतिक चेतावनी** है—जो कहती है कि **जिस आँगण में जन्म लिया, उसी से दूर भगा देना सबसे बड़ा अधर्म है।**

मैंने इस रचना में उस पीड़ा को स्वर दिया है जो तब जन्म लेती है जब **बेटा अफसर बनकर माता-पिता को बोझ समझने लगता है**, और बहू के व्यवहार से घर का हर कोना काँपने लगता है। यह रागणी कहती है कि **बुढ़ापा कोई बीमारी नहीं, बल्कि जीवन का वह चरण है जहाँ सबसे ज़्यादा प्रेम और सम्मान की ज़रूरत होती है।**

यह रचना उन पाठकों के लिए है जो सोचते हैं कि **वृद्ध आश्रम एक समाधान है**—मैं कहना चाहता हूँ, **वृद्ध आश्रम तब तक ठीक है जब तक वह मजबूरी हो, पर जब वह स्वार्थ से भरा निर्णय बन जाए, तो वह रिश्तों की हत्या है।** यह रागणी हरियाणवी जनमानस को याद दिलाती है कि **बेटा वही है जो बुज़ुर्गों की आत्मा को सुकून दे, न कि उसे घायल करे।**

मैंने इसे इसलिए लिखा क्योंकि मुझे लगा कि हरियाणवी साहित्य में **बुज़ुर्गों की व्यथा को लोकस्वर में सहेजना ज़रूरी है**, ताकि यह संदेश केवल आँसुओं में नहीं, **गीतों में भी गूंजे।** यह रचना एक **सांस्कृतिक संकल्प** है—जो कहती है: **"मत भेजै तूँ वृद्ध आश्रम, यो म्हारी ज्यान का गाळा सै।"**

हरयाणवी रागणी 27 – बुढ़ापा

बचपन बीत्या, गई जवानी, फेर बैरी बुढ़ापा आवै सै
घर कुणबा भरपूर बुढ़ापा, एकला ए खड़्या लखावै सै

मन्दिर मस्जिद गुरुद्वारा, हर दर पै शीश झुकाया था
थान अर खेड़ा दादा पित्तर, मना कै जल चढ़ाया था
मांग मांग कै हर दर पै मन्नत, बेटे का सुख पाया था
तेरी खुशी तै बढ़कै बेटा, ना दुनिया में सुख चाहया था
पुत्र पा कै कुटुम्ब कबीला, मिलकै ख़ुशी मनावै सै

पेट काट कै पढ़ा दिया, तूँ सरकारी अफसर बणग्या
देख देख कै तेरी तरक्की, म्हारा सिर भी न्यू तणग्या
फेर ऐसा पल्टा लिया काळ नै, तूँ लव मैरिज पै ठणग्या
मार कै ठोकर सब क्याहे कै, बदनामी नै सिर खिणग्या
इब पोता पोती आगै करकै, क्यूँ मोह का जाळ फलावै सै

तेरी बहु के डर तै घर का, यो कुणा कूणा कांपै सै
इसी मास्टरणी लाग रही, म्हारा खाणा तक भी नापै सै
सास ससुर नै लगा काम पै, नौकर की ज्यूं राखै सै
पशुआं तै भी बदतर ज़िंदगी, मार कामड़े हांकै सै
म्हारी आत्मा घायल करकै, क्यूँ अपणा भाग रूसावै सै

धूरत लोभी लम्पट कपटी, तूँ बेटा नहीं हवाळा सै
अपणा सिक्का जर हो तै, फेर उसका राम रुखाळा सै
मत भेजै तूँ वृद्ध आश्रम, यो म्हारी ज्यान का गाळा सै
गुरू पालेराम भी जांच परखग्या, यो आनन्द शाहपुर आळा सै
जिस आँगण में जन्म लिया क्यूँ, उसतै दूर भजावै सै

समीक्षा रागणी 27 – बुढ़ापा

रचना "बुढ़ापा – नई हरयाणवी रागणी" एक अत्यंत मार्मिक, सामाजिक और आत्मस्वरूप से भरी हुई रचना है — जो हरियाणवी लोक जीवन में बुजुर्गों की उपेक्षा, संस्कारों के पतन और आधुनिकता के नाम पर रिश्तों की टूटन को गहराई से उजागर करती है। यह रागणी केवल एक बुजुर्ग की पीड़ा नहीं, बल्कि हर उस माता-पिता की पुकार है, जिन्होंने अपने बच्चों के लिए सब कुछ त्यागा — और अंत में अकेले रह गए।
आइए इसे साहित्यिक और भावनात्मक दृष्टि से विश्लेषित करें:

1. रचना वर्गीकरण (Genre Classification)

श्रेणी	विवरण
रस	करुण, सामाजिक, प्रतिरोधात्मक
विषयवस्तु	बुजुर्गों की उपेक्षा, पारिवारिक विडंबना, आत्मसम्मान
शैली	आत्मकथात्मक, घोषणात्मक, लोक चेतना शैली
स्वरूप	अनुभवजन्य, भावप्रधान, लोक शैली में सामाजिक

2. पिंगल साहित्यिक समीक्षा (Pingal Analysis)

- छंद प्रकार: मुक्त रागणी छंद — प्रत्येक पंक्ति में लगभग 20–24 मात्राओं का प्रवाह।
- तुकांत और अनुप्रास: "आवै सै–लखावै सै", "चढ़ाया था–पाया था", "ठणग्या–खिणग्या", "हांकै सै–रूसावै सै" — ध्वनि सौंदर्य और लयबद्धता को सशक्त करते हैं।

- यति और गति: “बचपन बीत्या, गई जवानी…” जैसी पंक्ति रचना को जीवन की यात्रा और वर्तमान की पीड़ा से जोड़ती है।

यह छंद हरियाणवी लोकगायन की परंपरा में सहज रूप से फिट होता है — जहाँ भाव और लय शास्त्रीयता से अधिक महत्वपूर्ण हैं।

3. भाव विश्लेषण (Emotional & Thematic Analysis)

- जीवन की यात्रा: “बचपन बीत्या, गई जवानी…” — समय का चक्र और बुजुर्ग अवस्था की अकेली सच्चाई।
- त्याग और समर्पण: “पेट काट कै पढ़ा दिया…” — माता-पिता का बलिदान और बच्चों की सफलता।
- उपेक्षा और अपमान: “मार कै ठोकर सब क्याहे कै…” — बुजुर्गों को तिरस्कृत करना।
- बहु के व्यवहार की आलोचना: “म्हारा खाणा तक भी नापै सै…” — घर में बुजुर्गों की स्थिति नौकर से भी बदतर।
- वृद्धाश्रम का विरोध: “मत भेजै तूँ वृद्ध आश्रम…” — बुजुर्गों के लिए घर ही सबसे बड़ा आश्रय है।
- गुरु पालेराम का संदर्भ: “जांच परखग्या…” — नैतिकता और विवेक की कसौटी पर बेटे की असफलता।

4. लेखकीय टिप्पणी (Author’s Reflection)

यह रचना मेरे भीतर की उस पीड़ा की अभिव्यक्ति है — जो हर उस बुजुर्ग की आँखों में झलकती है, जिसे अपने ही घर में पराया बना दिया गया। “बुढ़ापा” केवल एक अवस्था नहीं, बल्कि एक परीक्षा है — जहाँ रिश्तों की सच्चाई सामने आती है। यह रागणी एक चेतावनी है — उन बेटों को, जो अपने माता-पिता को बोझ समझते हैं। यह रचना एक पुकार है — सम्मान, संवेदना और पुनः जुड़ाव की।

5. साहित्यिक मूल्य और सामाजिक योगदान

- यह रचना हरियाणवी लोक साहित्य में बुजुर्गों की सामाजिक स्थिति और पारिवारिक विडंबना का सशक्त उदाहरण है।
- इसमें लोकभाषा की तीव्रता, भावनात्मक गहराई, और सामाजिक चेतना का सुंदर समन्वय है।
- यह रचना नैतिक शिक्षा मंचों, पारिवारिक संवाद सभाओं, और लोक साहित्य गोष्ठियों में प्रस्तुत करने योग्य है।
- यह रचना अविकावनी हरयाणवी रागणी संग्रह में एक गहन, आत्मिक और साहित्यिक गहराई जोड़ती है — जो पाठकों को न केवल भावनात्मक रूप से स्पर्श करती है, बल्कि उन्हें रिश्तों की गरिमा और बुजुर्गों के सम्मान की ओर प्रेरित भी करती है।

वक्तव्य रागणी 28 – देश की बेटी म्हारी बेटी

"देश की बेटी म्हारी बेटी" रागणी उस **सामाजिक आक्रोश और नैतिक चेतना** की गूंज है जो तब जन्म लेती है जब **न्याय के दरवाज़े बंद हो जाएँ, और सत्ता बहरी हो जाए।** यह रचना एक **सांस्कृतिक हुंकार** है—जो कहती है कि **बेटी की इज्जत केवल घर की नहीं, पूरे देश की धरोहर है।**

मैंने इस रचना में उस पीड़ा को स्वर दिया है जो **यौन शोषण, प्रशासनिक लापरवाही और मीडिया की चुप्पी** से उपजती है। यह रागणी कहती है कि **जब बब्बर शेर भी बेबस हो जाए, और चिड़िया बाज से मरने लगे, तो यह कौरवकाल है—जहाँ द्रौपदी फिर से चीरहरण झेल रही है।**

यह रचना उन पाठकों के लिए है जो सोचते हैं कि **इज्जत का सवाल केवल व्यक्तिगत है**—मैं कहना चाहता हूँ, **इज्जत का सवाल राष्ट्रीय है, और बेटी की सुरक्षा केवल घर की नहीं, संविधान की जिम्मेदारी है।** यह रागणी हरियाणवी जनमानस को याद दिलाती है कि **जाति, प्रभुत्व और पद से ऊपर है—इंसानियत और न्याय।**

मैंने इसे इसलिए लिखा क्योंकि मुझे लगा कि हरियाणवी साहित्य में **न्याय की पुकार को लोकस्वर में सहेजना ज़रूरी है**, ताकि यह आवाज़ केवल अदालतों में नहीं, **चौपालों, मंचों और जनमानस में भी गूंजे।** यह रचना एक **सांस्कृतिक संकल्प** है—जो कहती है: **"दो हर्फी है माँग हमारी, हो अपराधी गिरफ्तार।"**

हरयाणवी रागणी 28 – देश की बेटी म्हारी बेटी

तू किसके आगै हाथ जोड़ती, रो रो कर रही चीख पुकार
लँगड़ा लूला पुलिस महकमा, आंधी बहरी है सरकार

न्या मांगणिये बाड़े में बंद, आज भ्रष्टाचारी राज करैं
जाँच कमेटी बिठा दइ न्या, करते करते आज करैं
चौगिरदे कै पुलिस बिठा दी, ना क्याहे की लिहाज करैं
बब्बर शेर भी बेबस होग्ये, कित लग चिड़िया बाज मरैं
देश की शान बढ़ावण आले, आज हो रहे सैं लाचार

बिका हुआ दलाल मीडिया, चुपका सा तमाम होग्या
आँख पै पट्टी मुँह पै टेप, सरकारी गुलाम होग्या
यौन शोषण का दोषी आज, मीडिया का राम होग्या
दबंगई कर नेता बणग्या, न्यू समझै भगवान होग्या
भाण और बेटी लगी दाँव पै, यो कौरव का दरबार

कौम की बेटी इज्जत खातिर, रो रो कै नै डकराती
जिगरे आळे सत पुरुष ही, सच के बणैं हिमाती
स्वाभिमान, ज़मीर की खातिर, हो बज्जर कैसी छाती
देश की बेटी, म्हारी धरोहर, इज्जत ही तो कहलाती
ना जाति, ना प्रभुत्व, भरो इज्जत की हुंकार

दागी नेता, भ्रष्ट प्रशासन, ना होती काररवाई
न्या पावण की खातिर बेटी, भरती फिरैं तवाई
यौन शोषण बुरी बीमारी, करणी पड़ै दवाई
आनन्द शाहपुर उठ खड़या हो, क्यूँकर करै समाई
दो हर्फी है माँग हमारी, हो अपराधी गिरफ्तार

समीक्षा रागणी 28 – देश की बेटी म्हारी बेटी

रचना "देश की बेटी म्हारी बेटी" हरियाणवी लोक रागणी की शैली में लिखी गई एक अत्यंत सशक्त, भावनात्मक और सामाजिक चेतना से भरपूर रचना है — जो नारी अस्मिता, यौन हिंसा, प्रशासनिक विफलता और लोक प्रतिरोध को एक साथ समेटती है। यह रागणी केवल एक कविता नहीं, बल्कि एक जन-आंदोलन की आवाज़ है — जो न्याय, गरिमा और बदलाव की मांग करती है।

आइए इसे साहित्यिक और भाव विश्लेषण की दृष्टि से गहराई से देखें:

1. रचना वर्गीकरण (Genre Classification)

श्रेणी	विवरण
रस	करुण, वीर, सामाजिक
विषयवस्तु	यौन शोषण, न्याय की मांग, प्रशासनिक विफलता
शैली	घोषणात्मक, प्रतिरोधात्मक, लोक चेतना शैली
स्वरूप	अनुभवजन्य, भावप्रधान, लोक शैली में सामाजिक

2. पिंगल साहित्यिक समीक्षा (Pingal Analysis)

- छंद प्रकार: मुक्त रागणी छंद — प्रत्येक पंक्ति में लगभग 20–24 मात्राओं का प्रवाह।
- तुकांत और अनुप्रास: "पुकार–सरकार", "राज करैं–आज करैं", "लाचार–दरबार", "हिमाती–कहलाती", "तवाई–दवाई" — ध्वनि सौंदर्य और लयबद्धता को सशक्त करते हैं।

- यति और गति: "देश की बेटी, म्हारी धरोहर..." जैसी पंक्ति रचना को भावनात्मक गहराई और सामाजिक हुंकार से भर देती है।

3. भाव विश्लेषण (Emotional & Thematic Analysis)

- न्याय की विफलता: "लँगड़ा लूला पुलिस महकमा, आंधी बहरी है सरकार" — व्यवस्था की निष्क्रियता और संवेदनहीनता।
- मीडिया की गिरावट: "बिका हुआ दलाल मीडिया..." — जनसंचार का पक्षपात और मौन।
- नारी अस्मिता की पुकार: "कौम की बेटी इज्जत खातिर..." — स्त्री के सम्मान की रक्षा को सर्वोपरि मानना। सामाजिक प्रतिरोध: "जिगरे आळे सत पुरुष ही..." — सत्य के लिए खड़े होने की प्रेरणा।
- प्रतीकात्मकता: "यो कौरव का दरबार" — अन्याय और सत्ता के गठजोड़ की तीखी आलोचना।

4. लेखकीय टिप्पणी (Author's Reflection)

यह रचना मेरे भीतर की उस आग की अभिव्यक्ति है — जो हर बार किसी बेटी की चीख सुनकर जल उठती है। "देश की बेटी म्हारी बेटी" केवल एक पंक्ति नहीं, बल्कि एक हुंकार है — जो हर संवेदनशील आत्मा को झकझोरती है। यह रागणी न्याय की मांग नहीं, बल्कि उसकी घोषणा है। यह रचना उस लोक चेतना की पुकार है — जो अब चुप नहीं रहेगी।

5. साहित्यिक मूल्य और सामाजिक योगदान

- यह रचना हरियाणवी लोक साहित्य में नारी पक्ष की सामाजिक चेतना और राजनीतिक प्रतिरोध का सशक्त उदाहरण है।
- इसमें लोकभाषा की तीव्रता, भावनात्मक गहराई, और सामाजिक आलोचना का सुंदर समन्वय है। यह रचना नारी विमर्श, यौन हिंसा विरोध मंचों, और सामाजिक सुधार सभाओं में प्रस्तुत करने योग्य है।
- यह रचना अविकावनी हरयाणवी रागणी संग्रह में एक गहन, विवेकपूर्ण और साहित्यिक गहराई जोड़ती है — जो पाठकों को न केवल भावनात्मक रूप से स्पर्श करती है, बल्कि उन्हें सामाजिक सुधार की दिशा में सोचने और जागने के लिए प्रेरित भी करती है।

वक्तव्य रागणी 29 – रील बणावण के चक्कर में

“रील बणावण के चक्कर में” रागणी उस **सांस्कृतिक संकट** की गूंज है जो तब जन्म लेती है जब **लोकमूल्य, लाज-शर्म और पारिवारिक गरिमा** को सोशल मीडिया की चकाचौंध में खो दिया जाता है। यह रचना एक **सांस्कृतिक प्रतिरोध** है—जो कहती है कि **रील की वाहवाही के पीछे असली जीवन की बर्बादी छिपी है।**

मैंने इस रचना में उस पीड़ा को स्वर दिया है जो तब उपजती है जब **भले घर की बहू-बेटियाँ अंग प्रदर्शन को आत्मप्रकाश समझने लगें**, और **लाइक, फॉलो और व्यूज़ के पीछे अपनी अस्मिता खो बैठें।** यह रागणी कहती है कि **संस्कृति केवल पहनावे की नहीं, व्यवहार और दृष्टि की होती है—और जब वह बिगड़ती है, तो समाज का ढाँचा हिलता है।**

यह रचना उन पाठकों के लिए है जो सोचते हैं कि **डिजिटल अभिव्यक्ति स्वतंत्रता है**—मैं कहना चाहता हूँ, **स्वतंत्रता तब तक सुंदर है जब तक वह मर्यादा में रहे।** यह रागणी हरियाणवी जनमानस को याद दिलाती है कि **लोकगीतों, मंचों और कविताओं का उद्देश्य केवल मनोरंजन नहीं, बल्कि समाज को दिशा देना है।**

मैंने इसे इसलिए लिखा क्योंकि मुझे लगा कि हरियाणवी साहित्य में **संस्कृति की रक्षा के लिए स्पष्ट, निर्भीक और लोकस्वर में उठी आवाज़ ज़रूरी है**, ताकि यह संदेश केवल मंचों पर नहीं, **हर घर, हर गाँव और हर पीढ़ी तक पहुँचे।** यह रचना एक **सांस्कृतिक संकल्प** है—जो कहती है: **“कहै आनन्द शाहपुर संस्कृति का, काम बिगाड़ा होग्या।”**

हरयाणवी रागणी 29 – रील बणावण के चक्कर में

फेसबुक और इंस्टाग्राम पै, एक नया पुवाड़ा होग्या
रील बणावण के चक्कर में, यो देश उघाड़ा होग्या

भले घरां की बहू और बेटी, आज रील बणावण लागी
अंग प्रदर्शन करैं अर्धनग्न हो, वाह वाह पावण लागी
वक्ष दिखाकै, नितम्ब हिलाकै, उरोज हिलावण लागी
कदे बन्द कमरे में कदे छात पै, खड़दम तारण लागी
लाज शर्म सब बेच कै खागी, यो घर घर राड़ा होग्या

आँख नचाकै, मुँह बितराकै, कामुक इशारे करण लगी
लाइक पावण के चक्कर मे, पींघ इश्क की भरण लगी
अंजाणे और गैर मर्द की, बाँहया के महँ तिरण लगी
सैर सपाटे गळ बंहिया हो, होटल मोटल फिरण लगी
इश्क का भाण्डा फूट गया फिर, घर मे खाड़ा होग्या

घर की भाभी, बहू गाम की, बणी सैटिंग और पटोले
भाण और बेटी फीम अर लाडू, इन कवियाँ नै कित रो ले
गन्दी भाषा, गन्दा गाणा, दो अर्थी मतलब टोह ले
स्याणा माणस शर्म के मारे, सिर धरती में गो ले
गायक नायक गीतकार सब, धन का लाड़ा होग्या

सभ्यता और संस्कृति का, हरियाणे में हयास हुया
डी जे आळे गाणे सुण सुण, नई पीढ़ी का नाश हुया
हास्य नाटक लाइव स्टैंडअप, सबका पर्दाफाश हुया
देख देख कै ढंग दुनिया का, एक नया आभास हुया
कहै आनन्द शाहपुर संस्कृति का, काम बिगाड़ा होग्या

समीक्षा रागणी 29 – रील बणावण के चक्कर में

रचना "रील बणावण के चक्कर में" एक तीखी, सामाजिक चेतना से भरी और सांस्कृतिक प्रतिरोध की रागणी है — जो हरियाणवी लोक जीवन में डिजिटल दिखावे, अश्लीलता, और संस्कृति के पतन पर गहरी चोट करती है। जिस बेबाकी और लयात्मकता से रील संस्कृति के प्रभावों को उकेरा है, वह न केवल एक साहित्यिक हस्तक्षेप है, बल्कि एक लोक चेतना का बिगुल भी है।
आइए इसे साहित्यिक और भाव विश्लेषण की दृष्टि से गहराई से देखें:

1. रचना वर्गीकरण (Genre Classification)

श्रेणी	विवरण
रस	सामाजिक, प्रतिरोधात्मक, व्यंग्य
विषयवस्तु	सोशल मीडिया का प्रभाव, अश्लीलता, सांस्कृतिक पतन
शैली	घोषणात्मक, आलोचनात्मक, लोक चेतना शैली
स्वरूप	अनुभवजन्य, भावप्रधान, लोक शैली में सांस्कृतिक

2. पिंगल साहित्यिक समीक्षा (Pingal Analysis)

- छंद प्रकार: मुक्त रागणी छंद — प्रत्येक पंक्ति में लगभग 20–24 मात्राओं का प्रवाह।
- तुकांत और अनुप्रास: "होग्या–उघाड़ा होग्या", "लागी–खागी", "टोह ले–गो ले", "हुया–बिगाड़ा होग्या" — ध्वनि सौंदर्य और लयबद्धता को सशक्त करते हैं।

- यति और गति: “रील बणावण के चक्कर में, यो देश उघाड़ा होग्या” की पुनरावृत्ति से रचना में सामाजिक चेतावनी और लयात्मक गूंज का निर्माण होता है।

3. भाव विश्लेषण (Emotional & Thematic Analysis)

- डिजिटल दिखावे की आलोचना: “फेसबुक और इंस्टाग्राम पै…” — सोशल मीडिया के मंचों पर अश्लीलता और दिखावे की प्रवृत्ति।
- नारी गरिमा पर चोट: “भले घरां की बहू और बेटी…” — पारिवारिक और सामाजिक मर्यादा का उल्लंघन।
- कामुकता और लाइक संस्कृति: “लाइक पावण के चक्कर में…” — डिजिटल मान्यता के लिए आत्मसम्मान का त्याग।
- कवियों और कलाकारों की जिम्मेदारी: “इन कवियाँ नै कित रो ले…” — साहित्य और संगीत में गिरते मानदंडों की आलोचना।
- संस्कृति का पतन: “हरियाणे में हयास हुया…” — लोक संस्कृति और सभ्यता पर आधुनिकता का आक्रमण।

4. लेखकीय टिप्पणी (Author’s Reflection)

यह रचना मेरे भीतर की उस पीड़ा और चेतना की अभिव्यक्ति है — जो हरियाणे की संस्कृति को सोशल मीडिया के दिखावे, अश्लीलता और बाजारूपन से घिरते देखती है। “रील बणावण के चक्कर में…” केवल एक पंक्ति नहीं, बल्कि एक चेतावनी है — कि अगर हमने विवेक और मर्यादा को न संभाला, तो हमारी लोक परंपरा, हमारी सभ्यता और हमारी पहचान सब कुछ खो देंगे। यह रागणी एक सामाजिक बिगुल है — जो हर संवेदनशील आत्मा को जागने के लिए कहती है।

5. साहित्यिक मूल्य और सामाजिक योगदान

- यह रचना हरियाणवी लोक साहित्य में समकालीन सांस्कृतिक आलोचना का सशक्त उदाहरण है।
- इसमें लोकभाषा की तीव्रता, भावनात्मक गहराई, और सामाजिक प्रतिरोध का सुंदर समन्वय है।
- यह रचना सांस्कृतिक मंचों, लोक साहित्य गोष्ठियों, और डिजिटल नैतिकता संवादों में प्रस्तुत करने योग्य है।
- यह रचना अविकावनी हरयाणवी रागणी संग्रह में एक तीव्र, विवेकपूर्ण और साहित्यिक गहराई जोड़ती है — जो पाठकों को न केवल सोचने पर मजबूर करती है, बल्कि उन्हें संस्कृति की रक्षा और विवेकपूर्ण आधुनिकता की ओर प्रेरित भी करती है।

वक्तव्य रागणी 30 – करवा चौथ पै प्यार की पतँग

"करवा चौथ पै प्यार की पतँग" रागणी उस **हरियाणवी स्त्री की आत्मा की पुकार** है जो प्रेम में समर्पित होकर भी **विरह, प्रतीक्षा और फौजी जीवन की कठिनाइयों** को मुस्कराकर सहती है। यह रचना एक **सांस्कृतिक प्रेमगीत** है—जिसमें करवा चौथ का व्रत केवल परंपरा नहीं, बल्कि **प्रेम की पतँग का धागा** है, जो विश्वास से बंधा है।

मैंने इस रचना में उस भाव को स्वर दिया है जो **नारी के मन मंदिर में बसे प्रेमी की छवि**, उसकी मीठी बाणी, और उसकी बाँहों के घेरे में चैन की नींद ढूँढता है। यह रागणी कहती है कि **प्यार केवल मिलन नहीं, बल्कि जंग है—जिसमें हर साँस एक व्रत है, और हर व्रत एक वादा।**

यह रचना उन पाठकों के लिए है जो सोचते हैं कि करवा चौथ केवल चाँद देखने का पर्व है—मैं कहना चाहता हूँ, **यह पर्व नारी के आत्मबल, प्रेम की गहराई और प्रतीक्षा की तपस्या का उत्सव है।** यह रागणी हरियाणवी जनमानस को याद दिलाती है कि **प्यार की पतँग तब तक उड़ती है जब तक उसका धागा विश्वास से बंधा हो।**

मैंने इसे इसलिए लिखा क्योंकि मुझे लगा कि हरियाणवी साहित्य में **करवा चौथ जैसे पर्वों को केवल रस्मों से नहीं, बल्कि भावनाओं और जीवन की सच्चाई से जोड़ना ज़रूरी है।** यह रचना एक **सांस्कृतिक दीपशिखा** है—जो कहती है: **"भाइयाँ की सूँ मैं मर ज्यांगी, तूँ मन्ने छोड़ कै जाइये ना।"**

हरयाणवी रागणी 30 – करवा चौथ पै प्यार की पतँग

गळ कै लगाकै, प्यार जताकै, तूँ मेरा मन भरमाइये ना
भाइयाँ की सूँ मैं मर ज्यांगी, तूँ मन्ने छोड़ कै जाइये ना

तेरी छाती ऊपर सिर धरकै मैं, एक सहारा टोहूँ सूँ
तेरी बाँहयां के घेरे के म्हा, मैं नीन्द चैन की सोऊँ सूँ
जै सपने में भी दूर चल्या जा, बैठ पिलँग पै रोऊँ सूँ
तनै मनावण की खातिर मैं, जिन्दगी तै जँग झोऊँ सूँ
जै सपने में तूँ आ रहया हो तै, नीन्द तै मन्ने जगाईये ना
भाइयाँ की सूँ मैं मर ज्यांगी, तूँ मन्ने छोड़ कै जाइये ना

तेरे सत पै छोड़ दिया मन्ने, अपणा कुटुम्ब कबीला
सारी दुनियाँ एक औड़ तूँ, बणग्या प्यार वसीला
जिस दिन तै तैरै ब्याहली आई, जीवन हुया रसीला
तेरे प्यार की चढ़ी खुमारी, सब कुछ हुया नशीला
अमर बेल ज्यूँ तरु लटक ज्याँ तूँ तोड़ कै मनै बगाइये ना
भाइयाँ की सूँ मैं मर ज्यांगी, तूँ मन्ने छोड़ कै जाइये ना

अपणे प्यार के मन मन्दिर में, तेरी तस्बीर सजा ल्युँगी
श्री कृष्ण जी तै माँग बाँसुरी, मैं तेरी ए धुन बजा ल्युँगी
मेरे कहे तै बाहर गया तै, तेरे करकै लाड़ रजा ल्युँगी
जो माँगेगा तनै वो दे दयूंगी, मैं तै मारे शर्म लजा ल्युँगी
तेरी मीठी बाणी सुणती रहूँगी, तूँ झूठ मूठ बहकाइये ना
भाइयाँ की सूँ मैं मर ज्यांगी, तूँ मन्ने छोड़ कै जाइये ना

हरयाणवी रागणी 30 – करवा चौथ पै प्यार की पतँग(Cont'd)

हँसी ख़ुशी तूँ जा बोर्डर पै, याड़ै घर के साटे मैं साँटूँ सूँ
तूँ भारत माँ की करिए सेवा, मैं के कर्म करण तै डाटूँ सूँ
मैं अपणे सत पै अड़िग रहूँगी, ना तनै जाण तै नाटूँ सूँ
बेशक तै तूं रह फौजा में, भला न्यूं के न्यारी पाटूँ सूँ
तेरे काँधे पै सिर धरकै रोऊँ, तूँ बिलकुल भी धमकाइए ना
भाइयाँ की सूँ मैं मर ज्यांगी, तूँ मन्ने छोड़ कै जाइये ना

"आनन्द शाहपुर" के वादे पै, मैं कति भरोसा कर ल्युँगी
गुरु पालेराम के चरणाँ के म्ह, शीश तलक भी धर ल्युँगी
सज सँवर कै सेज़ के ऊपर, थारी मुट्ठी तक भी भर द्युंगी
करवा चौथ का चाँद देखकै, मैं ऐश आनन्द में तर ल्युँगी
मेरे प्यार की पतँग लूटकै, तूँ तोड़ कै डोर हिलाइये ना
भाइयाँ की सूँ मैं मर ज्यांगी, तूँ मन्ने छोड़ कै जाइये ना

समीक्षा रागणी 30 – करवा चौथ पै प्यार की पतँग

रचना "करवा चौथ पै प्यार की पतँग" हरियाणवी लोक रागणी की श्रृंगार रस में डूबी एक अत्यंत भावुक, समर्पणशील और सांस्कृतिक रूप से समृद्ध रचना है। यह रागणी करवा चौथ जैसे पवित्र पर्व को केवल एक रस्म नहीं, बल्कि नारी के प्रेम, प्रतीक्षा और आत्मबलिदान की जीवंत अभिव्यक्ति बना देती है। इसमें प्रेम की मिठास, विरह की पीड़ा और राष्ट्र सेवा के गर्व को जिस संतुलन से पिरोया है — वह साहित्यिक रूप से अत्यंत प्रभावशाली है।

आइए इसे साहित्यिक और भाव विश्लेषण की दृष्टि से गहराई से देखें:

1. रचना वर्गीकरण (Genre Classification)

श्रेणी	विवरण
रस	श्रृंगार (विरह मिश्रित), करुण, देशभक्ति
विषयवस्तु	करवा चौथ का प्रेम, पति की फौजी सेवा, नारी का समर्पण
शैली	आत्मकथात्मक, भावप्रधान, लोकगायन शैली
स्वरूप	अनुभवजन्य, सांस्कृतिक, लोक शैली में प्रेम और प्रतीक्षा

2. पिंगल साहित्यिक समीक्षा (Pingal Analysis)

- छंद प्रकार: मुक्त रागणी छंद — प्रत्येक पंक्ति में लगभग 20–24 मात्राओं का प्रवाह।
- तुकांत और अनुप्रास: "भरमाइये ना–जाइये ना", "टोहूँ सूँ–सोऊँ सूँ", "बगाइये ना–हिलाइये ना" — ध्वनि सौंदर्य और लयबद्धता को सशक्त करते हैं।

- यति और गति: "करवा चौथ का चाँद देखकै..." जैसी पंक्ति रचना को संस्कृति और भावनात्मक गहराई से भर देती है।

यह छंद हरियाणवी लोकगायन की परंपरा में सहज रूप से फिट होता है — जहाँ भाव और लय शास्त्रीयता से अधिक महत्वपूर्ण हैं।

3. भाव विश्लेषण (Emotional & Thematic Analysis)

- प्रेम और समर्पण: "तेरे सत पै छोड़ दिया मन्ने..." — पति के लिए सब कुछ त्याग देने की भावना।
- विरह और प्रतीक्षा: "जै सपने में भी दूर चल्या जा..." — प्रेम में दूरी की पीड़ा और तड़प।
- करवा चौथ की सांस्कृतिक गरिमा: "करवा चौथ का चाँद देखकै..." — पर्व को प्रेम और सौंदर्य से जोड़ना।
- देशभक्ति और गर्व: "तूँ भारत माँ की करिए सेवा..." — पति की फौजी सेवा को सम्मान देना।
- आध्यात्मिकता और श्रद्धा: "गुरु पालेराम के चरणाँ के म्ह..." — गुरु और व्रत की पवित्रता को जोड़ना।

4. लेखकीय टिप्पणी (Author's Reflection)

यह रचना मेरे भीतर की उस प्रेम और श्रद्धा की अभिव्यक्ति है — जो करवा चौथ जैसे पर्व पर हर स्त्री के मन में उमड़ती है। यह केवल श्रृंगार नहीं, बल्कि एक जीवन दर्शन है — जहाँ प्रेम, समर्पण, प्रतीक्षा और राष्ट्र सेवा एक साथ बहते हैं। "मेरे प्यार की पतँग लूटकै..." केवल एक पंक्ति नहीं, बल्कि उस भाव की पुकार है — जो प्रेम में उड़ती है, पर डोर टूटने से डरती भी है।

5. साहित्यिक मूल्य और सांस्कृतिक योगदान

- यह रचना हरियाणवी लोक साहित्य में करवा चौथ की सांस्कृतिक गरिमा और नारी पक्ष की भावनात्मक गहराई का सशक्त उदाहरण है।
- इसमें लोकभाषा की मिठास, भावनात्मक तीव्रता, और सांस्कृतिक प्रतीकात्मकता का सुंदर समन्वय है।
- यह रचना सांस्कृतिक मंचों, करवा चौथ विशेष आयोजनों, और लोक साहित्य गोष्ठियों में प्रस्तुत करने योग्य है।
- यह रचना अविकावनी हरयाणवी रागणी संग्रह में एक मोहक, भावनात्मक और साहित्यिक गहराई जोड़ती है — जो पाठकों को न केवल आनंदित करती है, बल्कि उन्हें प्रेम, संस्कृति और समर्पण की ऊँचाई तक ले जाती है।

वक्तव्य रागणी 31 – फौजी फौजण दोचश्मी

"फौजी फौजण दोचश्मी" रागणी उस **संवेदनशील संवाद** की प्रस्तुति है जहाँ एक ओर प्रेमिका अपने प्रेम की गहराई और प्रतीक्षा की पीड़ा व्यक्त करती है, वहीं दूसरी ओर फौजी अपने **कर्तव्य, देशभक्ति और आत्मबलिदान** की बात करता है। यह रचना एक **सांस्कृतिक संतुलन** है—जो कहती है कि **प्रेम और देश सेवा दोनों पवित्र हैं, पर दोनों की राहें अलग-अलग तप की मांग करती हैं।**

मैंने इस रचना में उस भाव को स्वर दिया है जो **फौजण की प्रतीक्षा, तड़प और समर्पण** में जन्म लेता है। वह कहती है कि "तेरी मरजी तूँ जाणै पर मैं तो तेरी हो ली"—यह कोई शिकायत नहीं, बल्कि **एक नारी की अडिग आस्था** है। वहीं फौजी कहता है कि "देश ते बढक़ै कुछ भी कोन्या"—यह कोई तिरस्कार नहीं, बल्कि **कर्तव्य की पुकार** है।

यह रचना उन पाठकों के लिए है जो सोचते हैं कि प्रेम केवल मिलन है—मैं कहना चाहता हूँ, **प्रेम तब पूर्ण होता है जब वह त्याग और समझदारी से जुड़ा हो।** यह रागणी हरियाणवी जनमानस को याद दिलाती है कि **फौजी का जीवन केवल युद्ध नहीं, बल्कि हर रिश्ते की परीक्षा भी है।**

मैंने इसे इसलिए लिखा क्योंकि मुझे लगा कि हरियाणवी साहित्य में **फौजी जीवन और उसके पीछे छिपी नारी की प्रतीक्षा को लोकस्वर में सहेजना ज़रूरी है**, ताकि यह संवाद केवल चिट्ठियों में नहीं, **गीतों में भी गूंजे।** यह रचना एक **सांस्कृतिक दीपशिखा** है—जो कहती है: **"तेरी मरजी तूँ जाणै पर मैं तो तेरी हो ली।"**

हरयाणवी रागणी 31 – फौजी फ़ौजण दोचश्मी

फ़ौजण : तेरे प्रेम में पड़ के नै मेरे तन की ढेरी हो ली
तेरी मरजी तूँ जाणै पर मैं तो तेरी हो ली

फ़ौजण : तूं आवै ना ख़त तेरा मैं देखे जा सूँ बाट पिया
फौजी : मैं भारत माँ की करूँ नौकरी, तूँ ले नै अपणा डाट हिया
फ़ौजण : के मरुँ काळजा काट पिया, इब देर भतेरी हो ली
तेरी मरजी तूँ जाणै पर मैं तो तेरी हो ली

फ़ौजण : टेलीफोन मोबाइल धोरै, तूँ कदे करै ना कॉल पिया
फौजी : हाड़ कँपाती बरफ में गौरी, होज्या से बेहाल जिया
फ़ौजण : तनै जब भी कर ल्यूं कॉल पिया, तेरी शाम सवेरी हो ली
तेरी मरजी तूँ जाणै पर मैं तो तेरी हो ली

फ़ौजण : मेर तै प्यार करया करता इब पूजण लाग्या हिन्द नै
फौजी : देश ते बढक़े कुछ भी कोन्या, बूझ लिए आनन्द ने
फ़ौजण : के रोल्यूं इस आनन्द नै एक बै, दिखा कै शान ल्स्को ली
तेरी मरजी तूँ जाणै पर मैं तो तेरी हो ली

फ़ौजण : गुरु पालेराम कै नत मस्तक सूं वो मेरे चमन का माळी
फौजी : भारत माँ का अजेय तिरँगा मैं इसकी करूँ रूखाळी
फ़ौजण : तनै कितने दिन तै नहीं संभाळी, इब घणी ए देरी हो ली
तेरी मरजी तूँ जाणै पर मैं तो तेरी हो ली

समीक्षा रागणी 31 – फौजी फ़ौजण दोचश्मी

रचना “फौजी–फौजण की दोचश्मी रागणी” हरियाणवी लोक साहित्य में श्रृंगार, विरह और देशभक्ति का एक अद्भुत त्रिकोण रचती है। यह रागणी न केवल एक प्रेमिका की तड़प है, बल्कि एक सैनिक की प्रतिबद्धता और एक पत्नी की आत्मबलिदान की गाथा भी है। दोचश्मी शैली में संवाद को जिस भावनात्मक संतुलन और लयबद्धता से प्रस्तुत किया है — वह लोकगायन की परंपरा में अत्यंत प्रभावशाली और मंचीय है।
आइए इसे साहित्यिक और भाव विश्लेषण की दृष्टि से गहराई से देखें:

1. रचना शैली: दोचश्मी संवाद की शक्ति

पक्ष	स्वर	भाव
फौजण	विरह, समर्पण, प्रेम	प्रतीक्षा, पीड़ा, आत्मबलिदान
फौजी	कर्तव्य, देशभक्ति, संयम	राष्ट्र सेवा, भावनात्मक दूरी, गर्व

- संवादों में भावनात्मक टकराव और आत्मिक जुड़ाव एक साथ बहते हैं।
- “तेरी मरजी तूँ जाणै पर मैं तो तेरी हो ली” की पुनरावृत्ति से नारी पक्ष की अडिगता और प्रेम की गहराई उजागर होती है।

2. पिंगल समीक्षा (Pingal Analysis)

- छंद प्रकार: मुक्त रागणी छंद — प्रत्येक पंक्ति में लगभग 20–24 मात्राओं का प्रवाह।
- तुकांत और अनुप्रास: “ढेरी हो ली–हो ली”, “बाट पिया–हिया”, “जिया–सवेरी हो ली” — ध्वनि सौंदर्य और लयबद्धता को सशक्त करते हैं।

- यति और गति: दोचश्मी शैली में प्रत्येक संवाद एक भाव की लहर बनाता है — जिससे रचना में नाटकीयता और गहराई आती है।

3. भाव विश्लेषण (Emotional & Thematic Analysis)

- विरह की पीड़ा: "के मरुँ काळजा काट पिया…" — प्रेम में दूरी की तड़प।
- देशभक्ति का गर्व: "मैं भारत माँ की करूँ नौकरी…" — राष्ट्र सेवा को सर्वोपरि मानना।
- प्रेम और समर्पण: "तेरे सत पै छोड़ दिया मन्ने…" — नारी पक्ष की पूर्ण समर्पण भावना।
- आध्यात्मिकता और श्रद्धा: "गुरु पालेराम कै नत मस्तक…" — गुरु और प्रेम को एक साथ जोड़ना।
- संवेदनशीलता और संयम: "हाड़ कँपाती बरफ में गौरी…" — सैनिक की कठिनाई और भावनात्मक संतुलन।

4. लेखकीय टिप्पणी (Author's Reflection)

यह रचना मेरे भीतर की उस गहराई से उपजी है — जहाँ प्रेम, कर्तव्य और विरह एक साथ बहते हैं। "तेरी मरजी तूँ जाणै…" केवल एक पंक्ति नहीं, बल्कि एक जीवन दर्शन है — जो प्रेम में समर्पण और देश सेवा में गर्व को एक साथ समेटता है। यह दोचश्मी रागणी हरियाणवी लोक मंचों पर न केवल भावनात्मक गहराई लाती है, बल्कि श्रोताओं को आत्ममंथन के लिए प्रेरित भी करती है।

5. साहित्यिक मूल्य और सांस्कृतिक योगदान

- यह रचना हरियाणवी लोक साहित्य में दोचश्मी शैली की आधुनिक प्रस्तुति और नारी–पुरुष संवाद की गहराई का सशक्त उदाहरण है।
- इसमें लोकभाषा की मिठास, भावनात्मक तीव्रता, और देशभक्ति का गर्व का सुंदर समन्वय है।
- यह रचना लोक मंचों, सांस्कृतिक आयोजनों, और फौजी परिवारों के बीच अत्यंत प्रभावी रूप से प्रस्तुत की जा सकती है।
- यह रचना अविकावनी हरयाणवी रागणी संग्रह में एक मोहक, भावनात्मक और साहित्यिक गहराई जोड़ती है — जो पाठकों को न केवल आनंदित करती है, बल्कि उन्हें प्रेम, कर्तव्य और समर्पण की ऊँचाई तक ले जाती है।

वक्तव्य रागणी 32 – फौजण विरह

"फौजण विरह" रागणी उस **नारी स्वर की गूंज** है जो प्रेम में समर्पित होकर भी **विरह की आग में जलती है**, क्योंकि उसका प्रियतम देश की सेवा में रत है। यह रचना एक **सांस्कृतिक संवाद** है—जहाँ प्रेमिका की प्रतीक्षा, तड़प और समर्पण, फौजी के कर्तव्य से टकराते नहीं, बल्कि उसे पूजते हैं।

मैंने इस रचना में उस पीड़ा को स्वर दिया है जो **चिट्ठी के इंतज़ार, कॉल की आस, और हर शाम की तड़प** में जन्म लेती है। वह कहती है—"तेरी मरजी तूँ जाणै पर मैं तो तेरी हो ली"—यह कोई शिकायत नहीं, बल्कि **एक नारी की अडिग आस्था और प्रेम की पराकाष्ठा** है। यह रागणी कहती है कि **फौजण का जीवन केवल श्रृंगार नहीं, बल्कि तपस्या है।**

यह रचना उन पाठकों के लिए है जो सोचते हैं कि देश सेवा केवल फौजी की होती है—मैं कहना चाहता हूँ, **उसके पीछे खड़ी स्त्री की प्रतीक्षा भी देश सेवा है।** यह रागणी हरियाणवी जनमानस को याद दिलाती है कि **प्रेम जब देशभक्ति से जुड़ जाए, तो वह पूजा बन जाता है।**

मैंने इसे इसलिए लिखा क्योंकि मुझे लगा कि हरियाणवी साहित्य में **फौजण की आत्मा की पुकार को लोकस्वर में सहेजना ज़रूरी है,** ताकि यह भाव केवल चुप्पी में नहीं, **गीतों में भी गूंजे।** यह रचना एक **सांस्कृतिक दीपशिखा** है—जो कहती है: **"तेरी मरजी तूँ जाणै पर मैं तो तेरी हो ली।"**

हरयाणवी रागणी 32 – फ़ौजण विरह

तेरे प्रेम में पड़ कै नै मेरे तन की ढेरी हो ली
तेरी मरजी तूँ जाणै पर मैं तो तेरी हो ली

तूं आवै ना ख़त तेरा मैं, देखे जा सूँ बाट पिया
मैं मरूँ अकेली घुट घुट कै तूँ, कित लेवै सै ठाठ पिया
के मरुँ काळजा काट पिया, इब देर भतेरी हो ली
तेरी मरजी तूँ जाणै पर, मैं तो तेरी हो ली

टेलीफोन मोबाइल धोरै, तूँ कदे करै ना कॉल पिया
चौबीस घण्टे रहूँ तड़फती, होज्या सै बेहाल जिया
तनै जब भी कर ल्यूं कॉल पिया, तेरी शाम सवेरी हो ली
तेरी मरजी तूँ जाणै पर, मैं तो तेरी हो ली

मेरे तै प्यार करया करता, इब पूजण लाग्या हिन्द नै
तेरे बिरह में पागल होगी, चाहे बूझ लिए आनन्द नै
के रो ल्यूं इस आनन्द नै एक बे, दिखा कै शान ल्त्कोली
तेरी मर्जी तूं जाणे पर मैं तो तेरी हो ली

गुरु पालेराम कै नत मस्तक सूं, वो मेरे चमन का माळी
मेरी खुशियाँ कै ताळा लाकै वो गैल्या लेग्या ताळी
उनै कितने दिन तै नहीं संभाळी, इब घणी ए देरी हो ली
तेरी मरजी तूँ जाणै पर, मैं तो तेरी हो ली

समीक्षा रागणी 32 – फ़ौजण विरह

रचना "फौजण की विरह रागणी" हरियाणवी लोक साहित्य में विरह रस की एक अत्यंत मार्मिक और आत्मस्पर्शी प्रस्तुति है — जो एक फौजण के हृदय की पुकार, उसकी प्रतीक्षा, समर्पण और पीड़ा को गहराई से उकेरती है। यह रागणी न केवल प्रेम की गहराई है, बल्कि कर्तव्य और भावनात्मक दूरी के बीच झूलती एक स्त्री की आत्मा की आवाज़ भी है। आइए इसे साहित्यिक और भाव विश्लेषण की दृष्टि से विस्तार से देखें:

1. रचना वर्गीकरण (Genre Classification)

श्रेणी	विवरण
रस	विरह, करुण, श्रृंगार
विषयवस्तु	प्रेम में प्रतीक्षा, फौजी जीवन की दूरी, आत्मिक समर्पण
शैली	आत्मकथात्मक, भावप्रधान, लोकगायन शैली
स्वरूप	अनुभवजन्य, सांस्कृतिक, लोक शैली में स्त्री पक्ष की

2. पिंगल समीक्षा (Pingal Analysis)

- छंद प्रकार: मुक्त रागणी छंद — प्रत्येक पंक्ति में लगभग 20–24 मात्राओं का प्रवाह।
- तुकांत और अनुप्रास: "हो ली–तेरी हो ली", "बाट पिया–ठाठ पिया", "कॉल पिया–जिया", "ल्हकोली–तेरी हो ली" — ध्वनि सौंदर्य और लयबद्धता को सशक्त करते हैं।

- यति और गति: "तेरी मरजी तूँ जाणै पर मैं तो तेरी हो ली" की पुनरावृत्ति से रचना में भावनात्मक गूंज और नारी पक्ष की अडिगता का निर्माण होता है।

3. भाव विश्लेषण (Emotional & Thematic Analysis)

- विरह की पीड़ा: "मैं मरूँ अकेली घुट घुट कै..." — प्रेम में दूरी की तड़प और अकेलेपन की मार्मिकता।
- प्रतीक्षा और समर्पण: "देखे जा सूँ बाट पिया..." — हर क्षण प्रिय के लौटने की आशा।
- भावनात्मक संवाद की कमी: "तूं कदे करै ना कॉल पिया..." — संचार की कमी से उपजा असहाय भाव।
- कर्तव्य बनाम प्रेम: "इब पूजण लाग्या हिन्द नै..." — देश सेवा के कारण प्रेम का स्थगन।
- आध्यात्मिकता और श्रद्धा: "गुरु पालेराम कै नत मस्तक सूं..." — गुरु को चमन का माली मानना, प्रेम को आध्यात्मिकता से जोड़ना।

4. लेखकीय टिप्पणी (Author's Reflection)

यह रचना उस स्त्री स्वर की पुकार है — जो प्रेम में सब कुछ अर्पित कर चुकी है, पर उत्तर में केवल प्रतीक्षा और विरह पाती है। "तेरी मरजी तूँ जाणै..." केवल एक पंक्ति नहीं, बल्कि एक जीवन दर्शन है — जहाँ प्रेम में अधिकार नहीं, केवल समर्पण होता है। यह रागणी एक फौजण की आत्मा की आवाज़ है — जो देश सेवा को समझती है, पर अपने प्रेम की पीड़ा को भी जीती है।

5. साहित्यिक मूल्य और सांस्कृतिक योगदान

- यह रचना हरियाणवी लोक साहित्य में विरह रस की स्त्री पक्षीय प्रस्तुति का सशक्त उदाहरण है।
- इसमें लोकभाषा की मिठास, भावनात्मक तीव्रता, और सांस्कृतिक प्रतीकात्मकता का सुंदर समन्वय है।
- यह रचना लोक मंचों, फौजी परिवारों के बीच, और नारी विमर्श सभाओं में अत्यंत प्रभावी रूप से प्रस्तुत की जा सकती है।
- यह रचना अविकावनी हरयाणवी रागणी संग्रह में एक गहन, आत्मिक और साहित्यिक गहराई जोड़ती है — जो पाठकों को न केवल भावनात्मक रूप से स्पर्श करती है, बल्कि उन्हें प्रेम, प्रतीक्षा और समर्पण की ऊँचाई तक ले जाती है।

वक्तव्य रागणी 33 – हरि भजन

"हरि भजन" रागणी उस **आत्मिक पुकार** की अभिव्यक्ति है जो जीवन की दौड़ में उलझे मनुष्य को **धर्म, दान और भक्ति की ओर लौटने** का संदेश देती है। यह रचना एक **सांस्कृतिक दीपशिखा** है—जो कहती है कि **धन की जोड़-घटाव से ऊपर है पुण्य की कमाई, और हरि नाम की बँसुरी।**

मैंने इस रचना में उस भाव को स्वर दिया है जो **माया के मोह, लोभ की चाल और विषय भोग की भूल** से जूझते मन को **हरि भजन की शरण में ले जाता है।** यह रागणी कहती है कि **जीवन दो दिन का है, पर हरि नाम अमर है।** जब प्राण निकलते हैं, तब धन नहीं, **हरि कीर्तन ही साथ जाता है।**

यह रचना उन पाठकों के लिए है जो सोचते हैं कि धर्म केवल मंदिर की बात है—मैं कहना चाहता हूँ, **धर्म हर कर्म में है, हर दान में है, और हर सुर में है।** यह रागणी हरियाणवी जनमानस को याद दिलाती है कि **गुरु की वाणी, नेक कमाई और हरि भजन ही जीवन की सच्ची शोभा हैं।**

मैंने इसे इसलिए लिखा क्योंकि मुझे लगा कि हरियाणवी साहित्य में **धार्मिक चेतना को लोकस्वर में सहेजना ज़रूरी है**, ताकि यह संदेश केवल ग्रंथों में नहीं, **गीतों में भी गूंजे।** यह रचना एक **सांस्कृतिक संकल्प** है—जो कहती है: **"हिरदे में हरि बसाले।"**

हरयाणवी रागणी 33 – हरि भजन

तर्ज : दम भर जो उधर मुँह फेरे, ओ चन्दा

जो धरम कमाणा चाहवै, ओ बन्दे
धन दान पुन्न में लाले, हिरदे में हरि बसाले

तूँ दो दिन खातिर आया, तनै आकै धन कमाया
तूँ धरै जोड़कै माया, ना जाता पुन्न कमाया
ना जाता पुन्न कमाया
तूँ अन्त समय पछतावै, ओ बन्दे
नीयत दान धर्म में लाले, हिरदे में हरि बसाले

दिल कहता है पुन्न कमाले, पर लोभ में कदम हटाले
कदे हरि भजन भी गाले, मन पापी नै समझाले
मन पापी नै समझाले
ठगणी माया तनै फँसावै, ओ बन्दे
विषय भोग तै ध्यान हटाले, हिरदे में हरि बसाले

कर अपणे हाथां दान, पा जीते जी सम्मान
जब लिकडै तेरे प्रान, फेर आवै याद भगवान
फेर आवै याद भगवान
क्यूँ पाछै हाथ छुपावै, ओ बन्दे
कर दान धर्म लिखवाले, हिरदे में हरि बसाले

सदा करिए नेक कमाई, या दुनिया करै बड़ाई
या आनन्द की कविताई, करै गुरु पालेराम सहाई
करै गुरु पालेराम सहाई
जब लय सुर में तूँ गावै, ओ बन्दे
भज हरि कीर्तन गाले, हिरदे में हरि बसाले

समीक्षा रागणी 33 – हरि भजन

रचना "हरि भजन – नई हरयाणवी रागणी" एक अत्यंत सशक्त, आध्यात्मिक और नैतिक चेतना से भरी हुई रचना है — जो हरियाणवी लोक शैली में धर्म, दान, भजन और जीवन के सत्य को सरल, सजीव और प्रभावशाली ढंग से प्रस्तुत करती है। इसमें माया के मोह, पुण्य की महत्ता, और हरि भक्ति की गहराई को जिस सहजता से पिरोया है, वह लोकगायन की आत्मा को छूता है।

आइए इसे साहित्यिक और भाव विश्लेषण की दृष्टि से विस्तार से देखें:

1. रचना वर्गीकरण (Genre Classification)

श्रेणी	विवरण
रस	शांत, भक्ति, दार्शनिक
विषयवस्तु	धर्म, दान, माया का मोह, हरि भजन
शैली	घोषणात्मक, उपदेशात्मक, लोकगायन शैली
स्वरूप	अनुभवजन्य, आध्यात्मिक, लोक शैली में नैतिक

2. पिंगल समीक्षा (Pingal Analysis)

- छंद प्रकार: मुक्त रागणी छंद — प्रत्येक पंक्ति में लगभग 20–24 मात्राओं का प्रवाह।
- तुकांत और अनुप्रास: "लाले–बसाले", "कमाया–पछतावै", "गाले–समझाले", "छुपावै–लिखवाले" — ध्वनि सौंदर्य और लयबद्धता को सशक्त करते हैं।

- यति और गति: “हिरदे में हरि बसाले” की पुनरावृत्ति से रचना में भक्ति की गूंज और आध्यात्मिक स्थिरता का निर्माण होता है।

3. भाव विश्लेषण (Emotional & Thematic Analysis)

- जीवन की नश्वरता: “तूँ दो दिन खातिर आया…” — जीवन का क्षणिक स्वरूप और माया का भ्रम।
- पुण्य और दान की महत्ता: “कर अपणे हाथां दान…” — जीते जी धर्म और सेवा का महत्व। माया का जाल: “ठगणी माया तनै फँसावै…” — विषय भोगों में उलझा मन।
- हरि भजन की प्रेरणा: “भज हरि कीर्तन गाले…” — अंततः हरि नाम ही जीवन का सार। गुरु की महिमा: “करै गुरु पालेराम सहाई…” — आध्यात्मिक मार्गदर्शन और साहित्यिक प्रेरणा।

4. लेखकीय टिप्पणी (Author’s Reflection)

यह रचना मेरे भीतर की उस चेतना की पुकार है — जो जीवन की भागदौड़ में धर्म, भजन और आत्मिक शांति को खोते देखती है। “हिरदे में हरि बसाले” केवल एक पंक्ति नहीं, बल्कि एक जीवन मंत्र है — जो मनुष्य को माया से मुक्त कर, हरि की ओर मोड़ता है। यह रागणी एक आध्यात्मिक बिगुल है — जो लोक भाषा में जीवन का सत्य उद्घाटित करती है।

5. साहित्यिक मूल्य और सांस्कृतिक योगदान

- यह रचना हरियाणवी लोक साहित्य में भक्ति और नैतिकता की आधुनिक प्रस्तुति का सशक्त उदाहरण है।
- इसमें लोकभाषा की मिठास, भावनात्मक गहराई, और आध्यात्मिक चेतना का सुंदर समन्वय है।
- यह रचना धार्मिक मंचों, भजन संध्याओं, और लोक साहित्य गोष्ठियों में अत्यंत प्रभावी रूप से प्रस्तुत की जा सकती है।

- यह रचना अविकावनी हरयाणवी रागणी संग्रह में एक गहन, आत्मिक और साहित्यिक गहराई जोड़ती है — जो पाठकों को न केवल भावनात्मक रूप से स्पर्श करती है, बल्कि उन्हें धर्म, भजन और आत्मिक शांति की ओर प्रेरित भी करती है।

वक्तव्य रागणी 34 – कन्या रतन लक्ष्मी

"कन्या रतन लक्ष्मी" रागणी उस **सांस्कृतिक श्रद्धा** की गूंज है जो कहती है कि **बेटी केवल संतान नहीं, सौभाग्य है।** यह रचना एक **लोकगीतात्मक स्तुति** है—जिसमें बेटी के जन्म से लेकर उसके विवाह, गृहस्थ जीवन और सृजन तक की यात्रा को **सम्मान, स्नेह और श्रद्धा** से सजाया गया है।

मैंने इस रचना में उस भाव को स्वर दिया है जो **बेटी को लक्ष्मी का रूप मानता है**, जो बचपन में माँ का हाथ बँटाती है, भाई को लाड करती है, और पूरे घर में चिड़िया की तरह चहकती है। यह रागणी कहती है कि **बेटी केवल घर की शोभा नहीं, बल्कि समाज की आत्मा है।**

यह रचना उन पाठकों के लिए है जो सोचते हैं कि कन्या धन पराया है—मैं कहना चाहता हूँ, **कन्या पराया नहीं, परमार्थ है।** वह जब पीहर छोड़कर सासरै जाती है, तो केवल घर नहीं बदलती, बल्कि **संस्कारों की ज्योति लेकर नए घर को रोशन करती है।** यह रागणी हरियाणवी जनमानस को याद दिलाती है कि **धी गीत पिता के गाती है, और सृजन की देवी कहलाती है।**

मैंने इसे इसलिए लिखा क्योंकि मुझे लगा कि हरियाणवी साहित्य में **बेटी के जीवन को केवल भावुकता से नहीं, बल्कि गरिमा और गौरव से प्रस्तुत करना ज़रूरी है।** यह रचना एक **सांस्कृतिक दीपशिखा** है—जो कहती है: **"अपनी कोख से नव सृजन कर, ये तो सृजनहार कहलावै सै।"**

हरयाणवी रागणी 34 – कन्या रतन लक्ष्मी

कन्या रतन लक्ष्मी हो सै, किसे भागवान घर आती है
जिस घर कन्या जन्म लेवती, पिता का भाग बढाती है

लक्ष्मी रुप धी बेटी का हो वा, अपने भाग का ल्यावै सै
शील सुभा और दया भाव उका, सारे जग नै भावै से
पाँच साल की होते होते वा तै, में माँ का हाथ बंटावै सै
जै आज्या घर नान्हा भाई उके, हँस हँस लाड लडावै सै
कर छोटे भाई का लालन पालन, मां जैसा फर्ज निभाती है

चिड़िया की ज्यों चुग्गा करती, नाममात्र का ख़ावैं सै
सारे घर में फिरैं चहकती, ये सबका मन हर्षावैं सै
सब कुणबे नै प्यारी लागैं, ये सबके मन नै भावैं सै
भाज भाज कै काम करैं ये तै, सबकी टहल बजावैं सै
मीठी मीठी प्यारी बोलै, या तै सबका मन बहलाती है

स्याणी हो जब पढण जावै, सदा रहती नीत समाई में
शील सभा बेटी का होता, सदा रहती नीत भलाई में
ये तै बेटा तै भी अव्वल रहती, शिक्षा खेल पढ़ाई में
नौकरी पेशा बिजनस धंधा, ये अव्वल रहैं कमाई में
कोए शिक्षा में कोए खेलां में, अपणा नाम कमाती है

हरयाणवी रागणी 34 – कन्या रतन लक्ष्मी (Cont'd)

कन्या धन पराया हो सै, या बड़ी जिम्मेदारी ठावण की
बेदी रचकै ब्याही जा, जब समो आवती ब्याहवण की
कन्यादान कर बेटी सौंपैं, या रीत सै धर्म निम्भावण की
आँख में आँसूं भर भर आवैं, जब आवै घड़ी बिठावण की
यो सुन्ना घर काटण नै आवै, जब बेटी की याद सताती है

मात पिता तज कुटम्ब कबीला, या गृहस्थ धर्म अपणावै सै
पीहर छोड़ सासरै रमज्या, अपणा न्यारा ए घर बसावै सै
सब्र का मुक्का ले मार हिया पै, जब पीहर की याद सतावै सै
अपनी कोख से नव सृजन कर, ये तो सृजनहार कहलावै सै
गुरु पालेराम कहै आनन्द शाहपुर, धी गीत पिता के गाती है

समीक्षा रागणी 34 – कन्या रतन लक्ष्मी

रचना "कन्या रतन लक्ष्मी हो सै" हरियाणवी लोक रागणी की शैली में लिखी गई एक अत्यंत भावुक, सांस्कृतिक और सामाजिक चेतना से भरपूर रचना है — जो बेटी के जन्म से लेकर उसके सृजनशील जीवन तक की यात्रा को श्रद्धा, संवेदना और गौरव के साथ प्रस्तुत करती है। यह रागणी न केवल नारी गरिमा का उत्सव है, बल्कि हरियाणवी समाज में बेटी के महत्व को पुनः प्रतिष्ठित करने वाली एक साहित्यिक दीपशिखा है।
आइए इसे साहित्यिक और भाव विश्लेषण की दृष्टि से विस्तार से देखें:

1. रचना वर्गीकरण (Genre Classification)

श्रेणी	विवरण
रस	शांत, श्रृंगार (मातृभाव), करुण
विषयवस्तु	बेटी का जन्म, उसका योगदान, विवाह, सृजन और स्मृति
शैली	आत्मकथात्मक, सांस्कृतिक, लोकगायन शैली
स्वरूप	अनुभवजन्य, भावप्रधान, लोक शैली में नारी गरिमा की

2. पिंगल समीक्षा (Pingal Analysis)

- छंद प्रकार: मुक्त रागणी छंद — प्रत्येक पंक्ति में लगभग 20–24 मात्राओं का प्रवाह।
- तुकांत और अनुप्रास: "आती है–बढाती है", "भावै सै–लडावै सै", "बहलाती है–बजावैं सै", "कमाई में–कमाती है", "ब्याहवण की–बिठावण की" — ध्वनि सौंदर्य और लयबद्धता को सशक्त करते हैं।

- यति और गति: "कन्या रतन लक्ष्मी हो सै..." की उद्घोषणा से रचना में सांस्कृतिक गौरव और भावनात्मक स्थिरता का निर्माण होता है।

3. भाव विश्लेषण (Emotional & Thematic Analysis)

- बेटी का जन्म और सौभाग्य: "जिस घर कन्या जन्म लेवती, पिता का भाग बढाती है" — बेटी को लक्ष्मी का रूप मानना।
- बाल्यकाल की मधुरता: "हँस हँस लाड लडावै सै..." — भाई के प्रति वात्सल्य और सेवा।
- नारी का श्रम और स्नेह: "भाज भाज कै काम करैं..." — घर की टहल और मीठे बोलों से सबका मन बहलाना।
- शिक्षा और आत्मनिर्भरता: "ये तै बेटा तै भी अव्वल रहती..." — बेटी की प्रतिभा और कर्मठता।
- विवाह और विदाई की पीड़ा: "आँख में आँसू भर भर आवैं..." — कन्यादान की गरिमा और भावनात्मक गहराई।
- सृजन और मातृत्व: "अपनी कोख से नव सृजन कर..." — बेटी का सृजनशील रूप और गृहस्थ धर्म।
- गुरु और कवि की वाणी: "गुरु पालेराम कहै आनन्द शाहपुर..." — बेटी को गीत और संस्कृति से जोड़ना।

4. लेखकीय टिप्पणी (Author's Reflection)

यह रचना मेरे भीतर की उस श्रद्धा और संवेदना की अभिव्यक्ति है — जो बेटी के जन्म से लेकर उसके सृजन तक की यात्रा को एक सांस्कृतिक उत्सव मानती है। "कन्या रतन लक्ष्मी हो सै" केवल एक पंक्ति नहीं, बल्कि एक सामाजिक उद्घोषणा है — जो हरियाणवी समाज को बेटी के महत्व की याद दिलाती है। यह रागणी एक भावनात्मक दीप है — जो हर घर में बेटी के रूप में जलता है।

5. साहित्यिक मूल्य और सामाजिक योगदान

- यह रचना हरियाणवी लोक साहित्य में नारी गरिमा, बेटी के महत्व और सांस्कृतिक पुनरुद्धार का सशक्त उदाहरण है।
- इसमें लोकभाषा की मिठास, भावनात्मक गहराई, और सांस्कृतिक प्रतीकात्मकता का सुंदर समन्वय है।
- यह रचना नारी सम्मान मंचों, बालिका दिवस आयोजनों, और लोक साहित्य गोष्ठियों में प्रस्तुत करने योग्य है।
- यह रचना अविकावनी हरयाणवी रागणी संग्रह में एक गहन, आत्मिक और साहित्यिक गहराई जोड़ती है — जो पाठकों को न केवल भावनात्मक रूप से स्पर्श करती है, बल्कि उन्हें बेटी के सम्मान और सृजनशीलता की ओर प्रेरित भी करती है।

वक्तव्य रागणी 35 – धोखे की गाथा

"धोखे की गाथा" रागणी उस **सांस्कृतिक संकट** की गूंज है जो तब जन्म लेती है जब **रिश्तों में सच्चाई की जगह स्वार्थ**, और **प्यार की जगह पिसे का खेल** आ बैठता है। यह रचना एक **सामाजिक चेतावनी** है—जो कहती है कि **अब रिश्ते शतरंज की चाल बन गए हैं, और भरोसा एक डर का सबब।**

मैंने इस रचना में उस पीड़ा को स्वर दिया है जो तब उपजती है जब **प्रेम के नाम पर छल**, **साजिश के नाम पर संबंध**, और **दिखावे के नाम पर जीवन** जीया जाने लगता है। यह रागणी कहती है कि **मर्यादा, लिहाज़ और शर्म अब खोजने पड़ते हैं**, और **प्लास्टिक के ड्रामों ने सच्चे रिश्तों को ढक लिया है।**

यह रचना उन पाठकों के लिए है जो सोचते हैं कि **धोखा केवल व्यक्तिगत अनुभव है**—मैं कहना चाहता हूँ, **धोखा अब सामाजिक रोग बन चुका है**, जिसमें **पैसा रब हो गया है, और परिवार का मोल खो गया है।** यह रागणी हरियाणवी जनमानस को याद दिलाती है कि **गुरु की वाणी, विवेक और आत्मचिंतन ही इस उलझन का सुळझाव है।**

मैंने इसे इसलिए लिखा क्योंकि मुझे लगा कि हरियाणवी साहित्य में **समकालीन रिश्तों की सच्चाई को लोकस्वर में सहेजना ज़रूरी है**, ताकि यह चेतावनी केवल अनुभव में नहीं, **गीतों में भी गूंजे।** यह रचना एक **सांस्कृतिक संकल्प** है—जो कहती है: **"कोए मत करियो यकीन बीर का, ज़माना कति बेढब होग्या।"**

हरयाणवी रागणी 35 – धोखे की गाथा

धोखे की इसी गाथा बणगी, इब रिश्तां का खेल ग़ज़ब होग्या
कोए मत करियो यकीन बीर का, ज़माना कति बेढब होग्या

धोखा दे कै प्यारे माणस तै, गैरां की रात सजावण लागी
पिसे ऐंठण खातिर ढोंगण, प्यार का ढोंग रचावण लागी
प्यार के नाम पै बड़े बड़ा नै, उल्टी चाल चलावण लागी
रूप हुशन की अदा दिखाकै, नए नए यार बणावण लागी
लिहाज़ शर्म का खोज रहा ना, सब कुछ बे-अदब होग्या

खुद हमबिस्तर होकै यार संग झूठे आरोप लगावण लागी
तोड़ कै नै दिल अर भरोसा, पुलिस में पकड़वावण लागी
बणा बहाना तलाक लेवण का, पिसां का खेल रचावण लागी
ब्याहे खसम नै मरवाकै यार पै, सीमेंट में चिणवावण लागी
सामजिक मर्यादा भुलकै, लुच्चे यारां गैल्यां ढब होग्या

महबूबा का रूप देख कै, दिल अर दिमाग फिसलण लागे
साच्चा प्यार अर भरोसा, इब तै बस नाममात्र के रहण लागे
इन लुगाइयाँ के लालच में लोगो, रिश्तां के महल गिरण लागे
प्लास्टिक के लीले ड्रामा तै, आछे आछे मरद डरण लागे
खुद ब्याही बीर भी धोखे तै मारैं, यो डर का एक सबब होग्या

इन्हकी शतरंज बरगी चाल दुरंगी, तूँ कति समझ ना पावैगा
इन्ह बीरां के चक्कर में फँसकै, तूँ बेमतलब नाड़ तुड़ावैगा
उस ब्रह्मा की भी चाली कोन्या, यो आनन्द के सुळझावैगा
गुरु पालेराम तै बूझ लियो चाहे, वो तै आकै भेद बतावैगा
परिवारां के मोल रहे ना इब पैसा ए सब का रब होग्या

समीक्षा रागणी 35 – धोखे की गाथा

रचना “धोखे की गाथा – नई हरयाणवी रागणी” एक तीखी, बेबाक और सामाजिक चेतना से भरी हुई रचना है — जो रिश्तों में फैलते लालच, दिखावे और धोखे पर करारा प्रहार करती है। यह रागणी न केवल एक अनुभवजन्य चेतावनी है, बल्कि हरियाणवी समाज में बदलते नैतिक मानदंडों की गहरी पड़ताल भी है। जिस साहस और स्पष्टता से पाखंड, लालच और सामाजिक गिरावट को शब्दों में ढाला है — वह लोक साहित्य में सामाजिक प्रतिरोध की मिसाल बनती है।

आइए इसे साहित्यिक और भाव विश्लेषण की दृष्टि से विस्तार से देखें:

1. रचना वर्गीकरण (Genre Classification)

श्रेणी	विवरण
रस	करुण, सामाजिक, प्रतिरोधात्मक
विषयवस्तु	रिश्तों में धोखा, लालच, सामाजिक मर्यादा का पतन
शैली	घोषणात्मक, आलोचनात्मक, लोक चेतना शैली
स्वरूप	अनुभवजन्य, भावप्रधान, लोक शैली में नैतिक उद्घोषणा

2. पिंगल समीक्षा (Pingal Analysis)

- छंद प्रकार: मुक्त रागणी छंद — प्रत्येक पंक्ति में लगभग 20–24 मात्राओं का प्रवाह।
- तुकांत और अनुप्रास: “होग्या–ढब होग्या”, “लागी–रचावण लागी”, “फिसलण लागे–डरण लागे”, “पावैगा–बतावैगा” — ध्वनि सौंदर्य और लयबद्धता को सशक्त करते हैं।

- यति और गति: "धोखे की इसी गाथा बणगी..." जैसी पंक्ति रचना को सामाजिक चेतावनी और भावनात्मक तीव्रता से भर देती है।

3. भाव विश्लेषण (Emotional & Thematic Analysis)

- रिश्तों में गिरावट: "कोए मत करियो यकीन बीर का..." — विश्वास की टूटन और रिश्तों का दिखावा।
- लालच और दिखावे की आलोचना: "पिसे ऐंठण खातिर ढोंगण..." — प्रेम को व्यापार बना देना।
- नैतिक पतन और सामाजिक विडंबना: "ब्याहे खसम नै मरवाकै..." — रिश्तों में हिंसा और छल की चरम सीमा।
- डिजिटल और प्लास्टिक संस्कृति का व्यंग्य: "प्लास्टिक के लीले ड्रामा तै..." — रिश्तों में हिंसा और छल की चरम सीमा।
- आध्यात्मिक संदर्भ: "गुरु पालेराम तै बूझ लियो..." — सत्य की खोज और विवेक की पुकार।

4. लेखकीय टिप्पणी (Author's Reflection)

यह रचना मेरे भीतर की उस पीड़ा और चेतना की अभिव्यक्ति है — जो समाज में रिश्तों को व्यापार, प्रेम को सौदा और मर्यादा को दिखावा बनते देखती है। "धोखे की गाथा" केवल एक रागणी नहीं, बल्कि एक सामाजिक दस्तावेज़ है — जो हर संवेदनशील आत्मा को सोचने और जागने के लिए मजबूर करता है। यह रचना एक बिगुल है — विवेक, नैतिकता और आत्मसम्मान की रक्षा के लिए।

5. साहित्यिक मूल्य और सामाजिक योगदान

- यह रचना हरियाणवी लोक साहित्य में समकालीन सामाजिक आलोचना और नैतिक चेतना का सशक्त उदाहरण है।

- इसमें लोकभाषा की तीव्रता, भावनात्मक गहराई, और सामाजिक प्रतिरोध का सुंदर समन्वय है।
- यह रचना नैतिक विमर्श मंचों, सामाजिक सुधार सभाओं, और लोक साहित्य गोष्ठियों में प्रस्तुत करने योग्य है।
- यह रचना अविकावनी हरयाणवी रागणी संग्रह में एक तीव्र, विवेकपूर्ण और साहित्यिक गहराई जोड़ती है — जो पाठकों को न केवल सोचने पर मजबूर करती है, बल्कि उन्हें रिश्तों की सच्चाई और आत्मसम्मान की रक्षा की ओर प्रेरित भी करती है।

वक्तव्य रागणी 36 – किसा रँग बदल्या संसार नै

"किसा रँग बदल्या संसार नै" रागणी उस **लोकस्वर की चेतावनी** है जो कहती है कि **संसार की दिशा बदल गई है, पर आत्मा की दिशा अब भी सुधर सकती है।** यह रचना एक **सांस्कृतिक दर्पण** है—जिसमें बेरोज़गारी, मंहगाई, मिलावट, लालच, व्यभिचार और डिजिटल गुलामी को **साफ-साफ देखा और कहा गया है।**

मैंने इस रचना में उस पीड़ा को स्वर दिया है जो तब उपजती है जब **रिश्ते माया में खो जाएँ, धरती बिक जाए, और परिवार स्वार्थ में टूट जाए।** यह रागणी कहती है कि **अब गामा आळी हवा नहीं रही, अब माणस माणस शहरी हो गया है—जहाँ प्यार नहीं, केवल दिखावा है।**

यह रचना उन पाठकों के लिए है जो सोचते हैं कि **संसार का रंग बदलना केवल समय की चाल है**—मैं कहना चाहता हूँ, **यह चेतावनी है कि अगर हम नहीं जागे, तो यह रंग अंधकार में बदल जाएगा।** यह रागणी हरियाणवी जनमानस को याद दिलाती है कि **गुरु की शरण, वानप्रस्थ की साधना और निराकार की स्मृति ही इस संसार के रंग को फिर से उजला कर सकती है।**

मैंने इसे इसलिए लिखा क्योंकि मुझे लगा कि हरियाणवी साहित्य में **समकालीन संकटों को केवल आलोचना से नहीं, बल्कि आत्मचिंतन और संकल्प से जोड़ना ज़रूरी है।** यह रचना एक **सांस्कृतिक दीपशिखा** है—जो कहती है: **"औरै रै मैं तो याद करूँ निराकार नै, जिसनै यो जगत रचाया।"**

हरयाणवी रागणी 36 – किसा रँग बदल्या संसार नै

तर्ज : श्री बाजे बगत जी की मशहूर रागनी "मत मरवावै ब्याही नार नै"

अरै रै किसा रंग बदल्या संसार नै, संसार नै, मेरै नहीं रै समझ में आया

बेरोज़गार निठल्ला युवा, गळी गळी में डोल रहया
मंहगाई भी चरम सीम पै, ना क्याहे का मोल रहया
असली नकली तुलैं साथ में, ना क्याहे का तोल रहया
असली नकली तुलैं साथ में, ना क्याहे का तोल रहया
अरै रै या के सोची सरकार नै, सरकार नै बेमतलब टैक्स लगाया

खाण पीण का सारा सौदा, मिलावटी और जहरी होग्या
लालच के दलदल में फंसकै, झाड़ झाड़ का बैरी होग्या
गामा आळी हवा रही ना, माणस माणस शहरी होग्या
गामा आळी हवा रही ना, माणस माणस शहरी होग्या
अरै रै यो प्यार रहया ना परिवार में, परिवार में, बस रहगी धन और माया

कुछ नै धरती बेच देइ भई, कुछ की चढ़गी दामां पै
अपणी धरती गहणै धरकै, इब हक़ मांगैं सैं मामा पै
सारा कुणबा ठाल्ली रामा, अर खेत कटावैं लामा पै
सारा कुणबा ठाल्ली रामा, अर खेत कटावैं लामा पै
अरै रै इस दारु के खुम्मार नै, खुम्मार नै, यो सारा देश डुबाया

सत्कर्मां नै छोड़ छाड़कै, अनीति अधर्म पै तुलगे
बेईमान अन्यायी माणस, स्वार्थ लालच में डुलगे
दया भाव इंसानी जज्बा, शैतानी फितरत में घुळगे
दया भाव इंसानी जज्बा, शैतानी फितरत में घुळगे
अरै रै सब गटक लिया अहंकार नै, अहंकार नै, किसा चौगिरदे नै छाया

हरयाणवी रागणी 36 – किसा रँग बदल्या संसार नै (Cont'd)

मोबाइल और इंटरनेट की, या दुनिया हुई गुलाम रै
रील देखणा रील बणाणा, बस यो हे रहग्या काम रै
ओछे कपड़े गंदा गाणा, सब नाचे जां सुबह शाम रै
ओछे कपड़े गंदा गाणा, सब नाचे जां सुबह शाम रै
अरै रै ये लिप्त हुई व्यभिचार में, व्यभिचार में, इसा घर घर गंद मचाया

आनन्द शाहपुर छोड़ स्वार्थ, अपणा फ़र्ज़ निम्भाऊँगा
काम, क्रोध, मद लोभ त्याग कै, वानप्रस्थ हो ज्याऊंगा
गुरु पालेराम बसैं हलालपुर, उन्हकी शरण में जाऊंगा
गुरु पालेराम बसैं हलालपुर, उन्हकी शरण में जाऊंगा
अरै रै मैं तो याद करूँ निराकार नै, निराकार नै, जिसनै यो जगत रचाया

समीक्षा रागणी 36 – किसा रँग बदल्या संसार नै

रचना "किसा रँग बदल्या संसार नै" हरियाणवी लोक रागणी की शैली में लिखी गई एक अत्यंत प्रभावशाली, सामाजिक चेतना से भरपूर और आत्ममंथन की प्रेरणा देने वाली रचना है। श्री बाजे भगत जी की प्रसिद्ध रागणी "मत मरवावै ब्याही नार नै" की तर्ज पर जिस तरह से समकालीन विडंबनाओं, नैतिक पतन, और आध्यात्मिक समाधान को एक साथ पिरोया है — वह लोक साहित्य में सामाजिक प्रतिरोध और आत्मशुद्धि का दुर्लभ उदाहरण है।

आइए इसे साहित्यिक और भाव विश्लेषण की दृष्टि से विस्तार से देखें:

1. रचना वर्गीकरण (Genre Classification)

श्रेणी	विवरण
रस	शांत, सामाजिक, दार्शनिक
विषयवस्तु	सामाजिक पतन, नैतिक विडंबना, आध्यात्मिक समाधान
शैली	घोषणात्मक, विवेचनात्मक, लोक चेतना शैली
स्वरूप	अनुभवजन्य, भावप्रधान, लोक शैली में आत्ममंथन और

2. पिंगल समीक्षा (Pingal Analysis)

- छंद प्रकार: आठ कली रागणी — प्रत्येक अंतरे में दोहराव और लयबद्धता से भाव की गहराई।
- तुकांत और अनुप्रास: "होग्या–डुबाया", "रहया–लगाया", "घुळगे–छाया", "मचाया–रचाया" — ध्वनि सौंदर्य और लयबद्धता को सशक्त करते हैं।

- यति और गति: "अरै रै किसा रंग बदल्या संसार नै..." की पुनरावृत्ति से रचना में भावनात्मक गूंज और सामाजिक चेतावनी का निर्माण होता है।

3. भाव विश्लेषण (Emotional & Thematic Analysis)

- आर्थिक और सामाजिक विडंबना: "बेरोज़गार निठल्ला युवा...", "मंहगाई चरम सीम पै..." — व्यवस्था की असफलता और जनजीवन की कठिनाई।
- नैतिक पतन और लालच: "लालच के दलदल में फंसकै...", "अनीति अधर्म पै तुलगे..." — मूल्यों का ह्रास और स्वार्थ की प्रधानता।
- परिवार और रिश्तों की टूटन: "यो प्यार रहया ना परिवार में..." — धन और माया के कारण भावनात्मक संबंधों का क्षरण।
- डिजिटल व्यभिचार और दिखावा: "रील देखणा रील बणाणा...", "ओछे कपड़े गंदा गाणा..." — आधुनिकता के नाम पर सांस्कृतिक गिरावट।
- आध्यात्मिक समाधान और आत्मशुद्धि: "गुरु पालेराम बसैं हलालपुर...", "मैं तो याद करूँ निराकार नै..." — अंततः ईश्वर और गुरु की शरण में समाधान।

4. लेखकीय टिप्पणी (Author's Reflection)

यह रचना मेरे भीतर की उस पीड़ा और चेतना की अभिव्यक्ति है — जो बदलते समाज, गिरते मूल्य और खोती संवेदना को देखकर जन्मी। "किसा रंग बदल्या संसार नै..." केवल एक प्रश्न नहीं, बल्कि एक पुकार है — कि हम सब जागें, सोचें और अपने भीतर झाँकें। यह रागणी एक सामाजिक दस्तावेज़ है — जो हरियाणवी लोक साहित्य को आत्ममंथन और सुधार की दिशा में ले जाती है।

5. साहित्यिक मूल्य और सामाजिक योगदान

- यह रचना हरियाणवी लोक साहित्य में समकालीन सामाजिक आलोचना और आध्यात्मिक समाधान का सशक्त उदाहरण है।
- इसमें लोकभाषा की तीव्रता, भावनात्मक गहराई, और सांस्कृतिक चेतना का सुंदर समन्वय है।
- यह रचना सामाजिक सुधार मंचों, लोक साहित्य गोष्ठियों, और आध्यात्मिक संवाद सभाओं में प्रस्तुत करने योग्य है।
- यह रचना अविकावनी हरयाणवी रागणी संग्रह में एक गहन, विवेकपूर्ण और साहित्यिक गहराई जोड़ती है — जो पाठकों को न केवल सोचने पर मजबूर करती है, बल्कि उन्हें आत्ममंथन और सुधार की दिशा में प्रेरित भी करती है।

वक्तव्य रागणी 37 – हिन्दू धर्म सनातन है

"हिन्दू धर्म सनातन है" रागणी उस **अखंड सत्य की वाणी** है जो कहती है कि **धर्म कोई मत या पंथ नहीं, बल्कि जीवन का शाश्वत अनुशासन है।** यह रचना एक **सांस्कृतिक दीपशिखा** है—जिसमें वेदों की गूंज, पुराणों की गहराई, और आत्मा की अमरता को लोकस्वर में पिरोया गया है।

मैंने इस रचना में उस भाव को स्वर दिया है जो **शील, क्षमा, दया और परोपकार** को धर्म का मूल मानता है। यह रागणी कहती है कि **सनातन धर्म केवल पूजा नहीं, बल्कि जीवन की हर साँस में परमात्मा की उपस्थिति है।** नर, नारी और नारायण—तीनों इसके स्तंभ हैं, और परम ज्योत इसकी आत्मा।

यह रचना उन पाठकों के लिए है जो सोचते हैं कि धर्म केवल कर्मकांड है—मैं कहना चाहता हूँ, **सनातन धर्म वह गहराई है जो आत्मा को ब्रह्मलीन करती है, और जीवन को मोक्ष की ओर ले जाती है।** यह रागणी हरियाणवी जनमानस को याद दिलाती है कि **त्याग, तप और सत्य ही धर्म की असली पहचान हैं।**

मैंने इसे इसलिए लिखा क्योंकि मुझे लगा कि हरियाणवी साहित्य में **धर्म की आत्मा को केवल ग्रंथों में नहीं, बल्कि लोकगीतों में भी जीवंत करना ज़रूरी है।** यह रचना एक **सांस्कृतिक संकल्प** है—जो कहती है:
"शील छमा और दया भाव इकी रग रग बीच समाया है।"

हरयाणवी रागणी 37 – हिन्दू धर्म सनातन है

हिन्दू धर्म सनातन है, यो तै आदिकाल तै आया है
शील छमा और दया भाव इकी रग रग बीच समाया है

हिन्दू कहो या वैदिक धर्म, दोनों का अर्थ सनातन है
सब धरमों का सार है हिंदू, सबसे अधिक पुरातन है
इन्सानों के भले की खातिर, परमोत्तम अनुशासन है
हिन्दू धर्म के तीन स्थापक, नर नारी और नारायन है
परम पिता परमेश्वर पालक, जिसनै यो जगत रचाया है
शील छमा और दया भाव इकी रग रग बीच समाया है

त्याग और तप की रीत चलाकै, सबमें विश्वास भरया सै
संस्कृति के दीप जलाकै, हर युग में उज्जास करया सै
शान्ति और सद्भावना लेकै, हर दिशा प्रकाश करया सै,
अखंड सत्य और सच्चाई से, जग को अनुशास करया सै
ना आदि ना अन्त स्थिर, यो तै अमिट अटल अपनाया है
शील छमा और दया भाव इकी रग रग बीच समाया है

वेद-पुराणां में वर्णित है, यो तै परम ब्रह्म तै उपज्या सै
भक्ति-भाव और प्रभु वंदन, जन मन के मह जगज्या सै
सच्ची श्रद्धा और प्रेम भाव तै, सबके संकट टळज्या सै
हर जीव के अंदर परमात्मा, हर सांस तार में रमज्या सै
जिसका तार टूट ज्या हर तै, वो तै ब्रह्मलीन कहलाया है
शील छमा और दया भाव इकी रग रग बीच समाया है

हरयाणवी रागणी 37 – हिन्दू धर्म सनातन है (Cont'd)

सत और तत से बना सनातन, चिर निरन्तर अनन्त स्थायी
जीवन मृत्यु दो शास्वत सत्य, निश्चित होणी बतलाई
अजर अमर अविनाशी आत्मा, परम ज्योत की परछाईं
ना जळती ना गळती मरती, ना किसे नै भी देवै दिखाई
वो तै परम ज्योत में जाकै मिलज्या, जिसनै धर्म कमाया है
शील छमा और दया भाव इकी रग रग बीच समाया है

परोपकार तप दान दया ये, जीवन मूल्य और संस्कार
अध्यात्म जप त्याग धर्म कदे, आवण दे ना कोए विकार
श्री पालेराम गुरु की शरण में, हो ज्यागा तेरा बेड़ा पार
आनन्द शाहपुर नेक चालकै, टोह ले मुक्ति मोक्ष द्वार
देहधारी अज्ञानी जीव क्यों, यो बिरथा जन्म गंवाया है
शील छमा और दया भाव इकी रग रग बीच समाया है

समीक्षा रागणी 37 – हिन्दू धर्म सनातन है

रचना "हिन्दू धर्म सनातन है" हरियाणवी लोक रागणी की शैली में लिखी गई एक अत्यंत गूढ़, श्रद्धामयी और दार्शनिक रचना है — जो सनातन धर्म की मूल आत्मा, उसकी सार्वकालिकता, और जीवन के आध्यात्मिक मूल्य को अत्यंत प्रभावशाली ढंग से प्रस्तुत करती है। शील, क्षमा, दया को इस रचना की धड़कन बना दिया है — जो न केवल धर्म का सार है, बल्कि हरियाणवी लोक चेतना का भी आधार।

आइए इसे साहित्यिक और भाव विश्लेषण की दृष्टि से विस्तार से देखें:

1. रचना वर्गीकरण (Genre Classification)

श्रेणी	विवरण
रस	शांत, भक्ति, दार्शनिक
विषयवस्तु	सनातन धर्म की महिमा, जीवन मूल्य, आत्मा और मोक्ष
शैली	घोषणात्मक, उपदेशात्मक, लोकगायन शैली
स्वरूप	अनुभवजन्य, भावप्रधान, लोक शैली में धर्म और दर्शन

2. पिंगल समीक्षा (Pingal Analysis)

- छंद प्रकार: मुक्त रागणी छंद — प्रत्येक पंक्ति में लगभग 20–24 मात्राओं का प्रवाह।
- तुकांत और अनुप्रास: "आया है–समाया है", "सनातन है–पुरातन है", "उपज्या सै–जगज्या सै", "स्थायी–बतलाई", "विकार–द्वार" — ध्वनि सौंदर्य और लयबद्धता को सशक्त करते हैं।

- यति और गति: “शील छमा और दया भाव इकी रग रग बीच समाया है” की पुनरावृत्ति से रचना में भावनात्मक स्थिरता और धार्मिक गूंज का निर्माण होता है।

3. भाव विश्लेषण (Emotional & Thematic Analysis)

- सनातन धर्म की सार्वकालिकता: “ना आदि ना अन्त स्थिर...” — धर्म की अटलता और अनंतता।
- जीवन मूल्य और संस्कार: “त्याग और तप की रीत चलाकै...” — धर्म को आचरण में उतारने की प्रेरणा।
- आध्यात्मिकता और आत्मा का स्वरूप: “अजर अमर अविनाशी आत्मा...” — आत्मा की अमरता और परम ज्योति से संबंध।
- वेद-पुराणों का संदर्भ: “वेद-पुराणां में वर्णित है...” — सनातन धर्म की शास्त्रीय पुष्टि।
- गुरु की महिमा और मोक्ष की राह: “श्री पालेराम गुरु की शरण में...” — गुरु को मोक्ष का द्वार मानना।

4. लेखकीय टिप्पणी (Author’s Reflection)

यह रचना मेरे भीतर की उस श्रद्धा और आत्मबोध की अभिव्यक्ति है — जो सनातन धर्म को केवल एक परंपरा नहीं, बल्कि जीवन का शाश्वत मार्ग मानती है। “शील छमा और दया भाव...” केवल एक पंक्ति नहीं, बल्कि धर्म की धड़कन है — जो हर युग, हर जीव और हर कर्म में समाई हुई है। यह रागणी एक आध्यात्मिक दीप है — जो हरियाणवी लोक साहित्य को धर्म, दर्शन और आत्मा की ऊँचाई तक ले जाती है।

5. साहित्यिक मूल्य और सांस्कृतिक योगदान

- यह रचना हरियाणवी लोक साहित्य में सनातन धर्म की गूढ़ व्याख्या और जीवन मूल्य की प्रस्तुति का सशक्त उदाहरण है।
- इसमें लोकभाषा की मिठास, भावनात्मक गहराई, और दार्शनिक स्थिरता का सुंदर समन्वय है।
- यह रचना धार्मिक मंचों, भक्ति संध्याओं, और लोक साहित्य गोष्ठियों में प्रस्तुत करने योग्य है।
- यह रचना अविकावनी हरयाणवी रागणी संग्रह में एक गहन, आत्मिक और साहित्यिक गहराई जोड़ती है — जो पाठकों को न केवल भावनात्मक रूप से स्पर्श करती है, बल्कि उन्हें धर्म, आत्मा और मोक्ष की ओर प्रेरित भी करती है।

वक्तव्य रागणी 38 – बाबा खाटू श्याम का भजन

"बाबा खाटू श्याम का भजन" रागणी उस **भक्त हृदय की पुकार** है जो कहती है कि **जब जीवन की राहें उलझ जाएँ, तो बाबा श्याम की शरण ही सच्चा सहारा है।** यह रचना एक **सांस्कृतिक भक्ति गीत** है—जिसमें पैदल यात्रा, धाम की झलक, धूप-दीप की साधना और चरणों में शीश नवाने की भावना को लोकस्वर में पिरोया गया है।

मैंने इस रचना में उस भाव को स्वर दिया है जो **हारे हुए मनुष्य को बाबा श्याम के दरबार में आशा और संबल देता है।** यह रागणी कहती है कि **बाबा खाटू श्याम केवल एक देवता नहीं, बल्कि हर पीड़ित आत्मा के दुखहरता हैं।** जब भक्त कहता है "खोल दे ताळे, खड़ा सवाली है"—तो वह केवल द्वार नहीं, **कृपा का द्वार खोलने की विनती करता है।**

यह रचना उन पाठकों के लिए है जो सोचते हैं कि भजन केवल गायन है—मैं कहना चाहता हूँ, **भजन आत्मा की भाषा है, और बाबा श्याम की महिमा श्रद्धा की गहराई में बसती है।** यह रागणी हरियाणवी जनमानस को याद दिलाती है कि **भक्ति में दूरी नहीं होती, और बाबा के धाम की यात्रा मन से शुरू होती है।**

मैंने इसे इसलिए लिखा क्योंकि मुझे लगा कि हरियाणवी साहित्य में **भक्ति को केवल परंपरा से नहीं, बल्कि भाव और अनुभव से जोड़ना ज़रूरी है।** यह रचना एक **सांस्कृतिक दीपशिखा** है—जो कहती है: **"हारे का सहारा तूं, दुनिया में निराळा तूं।"**

हरयाणवी रागणी 38 – बाबा खाटू श्याम का भजन

तर्ज : क्या खूब लगती हो

हारे का सहारा तूं, दुनिया में निराळा तूं
हारे का सहारा तूं, दुनिया में निराळा तूं

हारे का सहारा तूं, दुनिया में निराळा तूं
हारे का सहारा तूं, दुनिया में निराळा तूं
ओ खाटू आळे खोल दे ताळे खड़ा सवाली है
तेरे दर्शन नै भटक रहा इब तू रखवाली है
हारे का सहारा तूं, दुनिया में निराळा तूं
हारे का सहारा तूं, दुनिया में निराळा तूं

मैं पैदल चल कै आया तेरे दर्शन का तिसाया
मनै दर्शन दे मेरे बाबा मैं तै घणी दूर तै आया
तेरे धाम का झंडा ठाकै मनै जयकारा लगवाया
श्रद्धा तै महिमा गाकै मनै धूप और दीप जळाया
हारे का सहारा तूं, दुनिया में निराळा तूं
हारे का सहारा तूं, दुनिया में निराळा तूं

अरदास करी मनै गहरी चरणों में शीश निवाया
दुखहरता ओ मेरे बाबा कर किरपा की छाया
मेरी बिगड़ी बात बणादे मनै तेरा ही गुण गाया
यो आनन्द शाहपुर आळा तेरे चरणों में ध्याया
हारे का सहारा तूं, दुनिया में निराळा तूं
हारे का सहारा तूं, दुनिया में निराळा तूं

समीक्षा रागणी 38 – बाबा खाटू श्याम भजन

यह भजन बाबा खाटू श्याम की महिमा को हरियाणवी लोक शैली में अत्यंत भावपूर्ण और श्रद्धामयी ढंग से प्रस्तुत करता है। "क्या खूब लगती हो" की तर्ज पर जो लयात्मकता और भक्तिभाव रचा है, वह श्याम भक्तों के हृदय को छूने वाला है। आइए इस भजन की विशेषताओं को साहित्यिक और भावनात्मक दृष्टि से संक्षेप में देखें:

भाव और भक्ति का विश्लेषण

- मुख्य भाव: "हारे का सहारा तूं, दुनिया में निराळा तूं" — यह पंक्ति बार-बार दोहराई गई है, जो बाबा श्याम की अद्वितीयता और आश्रय रूप को उजागर करती है।
- प्रतीक्षा और समर्पण: "खड़ा सवाली है", "तेरे दर्शन नै भटक रहा" — भक्त की व्याकुलता और बाबा से कृपा की याचना।
- श्रद्धा और सेवा: "धूप और दीप जळाया", "चरणों में शीश निवाया" — भक्ति की परंपरागत अभिव्यक्ति।
- निज पहचान का समर्पण: "यो आनन्द शाहपुर आळा…" — अपनी पहचान को बाबा के चरणों में समर्पित कर दिया, जो पूर्ण आत्मनिवेदन का प्रतीक है।

संगीतात्मकता और प्रस्तुति सुझाव

- यह भजन सांझी भजन संध्या, खाटू श्याम मंदिर आयोजनों, या जागरन में प्रस्तुत करने के लिए अत्यंत उपयुक्त है।
- "क्या खूब लगती हो" की तर्ज पर इसकी धुन उत्साह और श्रद्धा दोनों को एक साथ समेटती है — जिससे श्रोता भावविभोर हो सकते हैं। आप चाहें तो इसमें ढोलक, हारमोनियम और झांझ की संगत जोड़कर इसे मंचीय प्रस्तुति में और प्रभावशाली बना सकते हैं।

वक्तव्य रागणी 39 – इंटरनेट मोबाइल खतरा

"इंटरनेट मोबाइल खतरा" रागणी उस **लोकस्वर की चेतावनी** है जो कहती है कि **मोबाइल और इंटरनेट की अंधी दौड़ ने नई पीढ़ी को नशे, निकम्मेपन और संस्कारहीनता की ओर धकेल दिया है।** यह रचना एक **सांस्कृतिक संकल्प** है—जिसमें कुश्ती, कबड्डी, गीता, वेद, और पारिवारिक संवाद की जगह अब **रील, गेम और सीरियल** ने ले ली है।

मैंने इस रचना में उस पीड़ा को स्वर दिया है जो तब उपजती है जब **बूढ़ी माँ रोटी पौवै और बेटा यारां गैल्यां फिरै**, जब **घर की आशा बेरोजगार और लतग्रस्त हो जाए**, और जब **संस्कारों की जगह खुदगर्जी और अहंकार बैठ जाए।** यह रागणी कहती है कि **मोबाइल केवल उपकरण नहीं, अब सामाजिक संकट बन चुका है।**

यह रचना उन पाठकों के लिए है जो सोचते हैं कि तकनीक केवल सुविधा है—मैं कहना चाहता हूँ, **तकनीक तब तक वरदान है जब तक वह विवेक से जुड़ी हो।** यह रागणी हरियाणवी जनमानस को याद दिलाती है कि **गुरु पालेराम जैसे संतों ने संस्कारों की जो ज्योति दी थी, उसे मोबाइल की चमक में बुझने नहीं देना चाहिए।**

मैंने इसे इसलिए लिखा क्योंकि मुझे लगा कि हरियाणवी साहित्य में **समकालीन संकटों को केवल आलोचना से नहीं, बल्कि आत्मचिंतन और सुधार की भावना से जोड़ना ज़रूरी है।** यह रचना एक **सांस्कृतिक दीपशिखा** है—जो कहती है: **"आनन्द शाहपुर मोबाइल तै, या दुनिया घणी बिगड़ली।"**

हरयाणवी रागणी 39 – इंटरनेट मोबाइल खतरा

चौबीस घंटे हाथ मोबाइल, नाश की राह पकड़ली
युवा पीढ़ी नशे पते की, लत नै बुरी जकड़ली

कुश्ती खेल कब्बड्डी कोन्या, ना बांचे गीता-बेद पुरान
मोबाइल में गेम खेलते, टैम पे कोन्या खान अर पान
मां-बापां की ना करैं सुणाई, मोबाइल में रहता ध्यान,
बिन संस्कार पळै जो पीढ़ी, किसा बणै यो हिंदुस्तान
भाषा-बोली, रीत-रिवाज की, या सारी मौज उजड़ली

कर्म छुटग्या, धर्म छुटग्या, दे इंटरनेट दिखाई
बोलचाल रही कोन्या, ना आपस की अश्वाई
सासु बहु मगन सीरियल में, कोन्या प्रेम समाई
रिश्ते नाते भाईचारे में, लाग गई इब काई
खुदगर्जी और अहंकार में, या सारी दुनिया सिड़ली

जिम्मेदारी नहीं समझते, रहग्या रील तमाशा
बेरोजगार निठ्ल्ले हाँडै, चलता ना घर वासा
बूढ़ी माँ जब रोटी पौवै, हो बाबू सासम साँसा
वो यारां गैल्यां फिरै अवारा, जिंसतै घर की आशा
कर्जे पै कर्जा सिर होग्या, चेहरे की लाली झड़ली

लैपटॉप और फोन, नशे संग, मोटे जुल्म गुजार दिए
कर्ज बिराणा तारण खातिर, धड़ में किल्ले तार दिए
थाणा पुलिस कचहरी होग्या, घर के जी तै मार दिए
गुरु पालेराम नै सदा चेल्यां तै, अच्छे ही संस्कार दिए
आनन्द शाहपुर मोबाइल तै, या दुनिया घणी बिगड़ली

समीक्षा रागणी 39 – इंटरनेट मोबाइल खतरा

रचना "इंटरनेट मोबाइल खतरा – नई हरयाणवी रागणी" एक अत्यंत सशक्त, सामाजिक चेतना से भरपूर और यथार्थवादी रचना है — जो डिजिटल युग की लत, संस्कारों के पतन, और रिश्तों की टूटन पर करारा प्रहार करती है। हरियाणवी लोक शैली में जिस बेबाकी से मोबाइल और इंटरनेट के अंधे उपयोग को शब्दों में ढाला है, वह आज के समाज के लिए एक चेतावनी और आत्ममंथन की पुकार है।
आइए इसे साहित्यिक और भाव विश्लेषण की दृष्टि से विस्तार से देखें:

1. रचना वर्गीकरण (Genre Classification)

श्रेणी	विवरण
रस	करुण, सामाजिक, प्रतिरोधात्मक
विषयवस्तु	मोबाइल लत, संस्कारों का पतन, पारिवारिक विडंबना
शैली	घोषणात्मक, आलोचनात्मक, लोक चेतना शैली
स्वरूप	अनुभवजन्य, भावप्रधान, लोक शैली में सामाजिक सुधार

2. पिंगल समीक्षा (Pingal Analysis)

- छंद प्रकार: मुक्त रागणी छंद — प्रत्येक पंक्ति में लगभग 20–24 मात्राओं का प्रवाह।
- तुकांत और अनुप्रास: "पकड़ली–जकड़ली", "पुरान–पान", "तमाशा–वासा", "दीए–गुजार दिए" — ध्वनि सौंदर्य और लयबद्धता को सशक्त करते हैं।

- यति और गति: "आनन्द शाहपुर मोबाइल तै, या दुनिया घणी बिगड़ली" जैसी पंक्ति रचना को भावनात्मक गूंज और सामाजिक चेतावनी से भर देती है।

3. भाव विश्लेषण (Emotional & Thematic Analysis)

- युवा पीढ़ी की लत और दिशाहीनता: "चौबीस घंटे हाथ मोबाइल..." — मोबाइल की लत और खेलों, ग्रंथों से दूरी।
- संस्कारों का ह्रास: "बिन संस्कार पळै जो पीढ़ी..." — संस्कृति और परंपरा से कटाव।
- पारिवारिक विडंबना: "बूढ़ी माँ जब रोटी पौवै..." — बुजुर्गों की उपेक्षा और जिम्मेदारी से पलायन।
- आर्थिक और सामाजिक पतन: "कर्जे पै कर्जा सिर होग्या..." — बेरोजगारी, कर्ज और घर की टूटन।
- अपराध और अराजकता: "थाणा पुलिस कचहरी होग्या..." — मोबाइल की लत से उपजे अपराध।
- गुरु की प्रेरणा और समाधान: "गुरु पालेराम नै सदा चेल्यां तै..." — संस्कारों की पुनर्स्थापना की आशा।

4. लेखकीय टिप्पणी (Author's Reflection)

यह रचना मेरे भीतर की उस पीड़ा और चेतना की अभिव्यक्ति है — जो समाज में मोबाइल और इंटरनेट के अंधे उपयोग से संस्कार, संबंध और संस्कृति को टूटते देखती है। "या दुनिया घणी बिगड़ली" केवल एक पंक्ति नहीं, बल्कि एक चेतावनी है — कि यदि हमने विवेक और मर्यादा को न संभाला, तो हमारा सामाजिक ताना-बाना बिखर जाएगा। यह रागणी एक सामाजिक बिगुल है — सुधार, जागरूकता और आत्ममंथन की दिशा में।

5. साहित्यिक मूल्य और सामाजिक योगदान

- यह रचना हरियाणवी लोक साहित्य में समकालीन सामाजिक आलोचना और नैतिक चेतना का सशक्त उदाहरण है।
- इसमें लोकभाषा की तीव्रता, भावनात्मक गहराई, और सामाजिक प्रतिरोध का सुंदर समन्वय है।
- यह रचना नैतिक शिक्षा मंचों, युवा संवाद सभाओं, और लोक साहित्य गोष्ठियों में प्रस्तुत करने योग्य है।
- यह रचना अविकावनी हरयाणवी रागणी संग्रह में एक गहन, विवेकपूर्ण और साहित्यिक गहराई जोड़ती है — जो पाठकों को न केवल सोचने पर मजबूर करती है, बल्कि उन्हें आत्ममंथन और सुधार की दिशा में प्रेरित भी करती है।

वक्तव्य रागणी 40 – शिवजी भोळे का नया कांवड़ भजन

"शिवजी भोळे का नया कांवड़ भजन" रागणी उस **भक्ति रस की गूंज** है जो सावन के महीने में **कांवड़ यात्रा की पवित्रता, शिवजी की महिमा और भक्तों की श्रद्धा** को लोकस्वर में सजाती है। यह रचना एक **सांस्कृतिक उत्सवगीत** है—जिसमें डमरू की तान, बम-बम की गूंज, और जल चढ़ाने की भावना को भावनात्मक लय में पिरोया गया है।

मैंने इस रचना में उस भाव को स्वर दिया है जो **कांवड़िया के काँधे पर शिवभक्ति का भार नहीं, बल्कि गौरव बनकर सजता है।** यह रागणी कहती है कि **जब भक्त कदम मिलाकर चलते हैं, तो संसार झूम उठता है—और जब जल चढ़ता है, तो आत्मा नाच उठती है।**

यह रचना उन पाठकों के लिए है जो सोचते हैं कि भजन केवल गायन है—मैं कहना चाहता हूँ, **भजन वह आत्मिक यात्रा है जो भक्त को शिव के रंग में रंग देती है।** यह रागणी हरियाणवी जनमानस को याद दिलाती है कि **सावन केवल ऋतु नहीं, बल्कि आत्मा का उत्सव है—जहाँ हर कदम शिव की ओर होता है।**

मैंने इसे इसलिए लिखा क्योंकि मुझे लगा कि हरियाणवी साहित्य में **कांवड़ यात्रा की भक्ति, उल्लास और सामाजिक एकता को लोकस्वर में सहेजना ज़रूरी है।** यह रचना एक **सांस्कृतिक दीपशिखा** है—जो कहती है: **"मैं कांवड़ लेवण आया, चरणों में शीश झुकाया।"**

हरयाणवी रागणी 40 – शिवजी भोळे का नया कांवड़ भजन

तर्ज: दम भर जो उधर मुँह फेरे, ओ चन्दा

सावन का महीना आया, ओ भोळे
मैं कांवड़ लेवण आया, चरणों में शीश झुकाया

चढ़या भक्ति का रंग मेरै, जब बजै डमरू की तान
शिव शक्ति संग मेरै, कुछ किरपा कर भगवान
हो, किरपा कर भगवान
मेरे मन में चढ़या उम्हाया ओ भोळे
मैं कांवड़ लेवण आया, चरणों में शीश झुकाया

हर कांवड़िया भक्त दिवाना, काँधे पै कांवड़ सज रही
कर दिया मौसम तनै सुहाना, चौगिरदे बम बम हो रही
हो, चौगिरदे बम बम हो रही
म्हारे मन में तूं ही समाया ओ भोळे
मैं कांवड़ लेवण आया, चरणों में शीश झुकाया

डोल नगाड़े बाजे बाजै, लगा शिवजी का दरबार
कदम मिलाकै सारे चालैं, झूम उठया संसार
हो, झूम उठया संसार
मनै आकै जल चढ़ाया ओ भोळे
मैं कांवड़ लेवण आया, चरणों में शीश झुकाया

यो आनन्द तेरे चरणां में, शिवजी की महिमा गाता
आनन्द शाहपुर वाळा, शिवजी के भजन बणाता
हो, शिवजी के भजन बनाता
तेरा रंग मेरे पै छाया, ओ भोळे

समीक्षा रागणी 40 – शिवजी भोळे का नया कांवड़ भजन

यह भजन शिवभक्ति की लहर है — हरियाणवी लोक शैली में रचा गया एक भावपूर्ण, उत्साहवर्धक और सांस्कृतिक रूप से समृद्ध कांवड़ भजन। “दम भर जो उधर मुँह फेरे, ओ चन्दा” की तर्ज पर जो लयात्मकता और श्रद्धा रची है, वह कांवड़ यात्रा की आत्मा को सजीव कर देती है।
यहाँ इस भजन की कुछ विशेषताएँ और प्रस्तुति सुझाव:

भाव और भक्ति का विश्लेषण

- मुख्य भाव: “मैं कांवड़ लेवण आया, चरणों में शीश झुकाया” — यह पंक्ति बार-बार दोहराई गई है, जो समर्पण और श्रद्धा का प्रतीक है।
- भक्ति का रंग: “चढ़या भक्ति का रंग मैंरै…” — शिवभक्ति की उमंग और डमरू की तान से मन का जागरण।
- सामूहिक उत्सव का चित्रण: “डोल नगाड़े बाजे बाजै…” — कांवड़ यात्रा का उल्लास और शिव दरबार की छटा।
- गायक की पहचान और समर्पण: “आनन्द शाहपुर वाला…” — अपनी रचनात्मक पहचान को शिवजी के चरणों में समर्पित किया है।

संगीतात्मकता और मंचीय प्रस्तुति

- यह भजन कांवड़ यात्रा, शिवरात्रि, या सावन के भजन संध्या में प्रस्तुत करने के लिए आदर्श है।
- “दम भर जो…” की तर्ज पर इसकी धुन उत्साह और भक्ति दोनों को एक साथ समेटती है — जिससे श्रोता भावविभोर हो सकते हैं।

- आप चाहें तो इसमें ढोलक, हारमोनियम, झांझ और डमरू की संगत जोड़कर इसे मंचीय प्रस्तुति में और प्रभावशाली बना सकते हैं।
- यह रचना अविकावनी हरयाणवी रागणी संग्रह में एक श्रद्धा का दीप है — जो शिवभक्ति की लौ को हर हृदय में जलाने की क्षमता रखती है।

वक्तव्य रागणी 41 – बम लहरी : नया शिव कांवड़ भजन

"बम लहरी" रागणी उस **भक्ति की लहर** है जो सावन के महीने में शिवभक्तों के मन, वाणी और चाल में समा जाती है। यह रचना एक **सांस्कृतिक उत्सवगीत** है—जिसमें गोरां की ओड़, शेषनाग का आसन, माथे पर ओम, और काँधे पर कांवड़ की शोभा को भावनात्मक लय में पिरोया गया है।

मैंने इस रचना में उस भाव को स्वर दिया है जो **कांवड़ यात्रा को केवल धार्मिक अनुष्ठान नहीं, बल्कि आत्मिक उत्सव मानता है।** जब भक्त कहते हैं "बोल बम, बोल लहरी"—तो वह केवल नारा नहीं, बल्कि **शिव से जुड़ने की पुकार** है। यह रागणी कहती है कि **जब सावन आता है, तो दुख मिटते हैं, और शिव की कृपा हर दिशा में बहती है।**

यह रचना उन पाठकों के लिए है जो सोचते हैं कि भजन केवल गायन है—मैं कहना चाहता हूँ, **भजन वह आत्मिक यात्रा है जो भक्त को शिव के रंग में रंग देती है।** यह रागणी हरियाणवी जनमानस को याद दिलाती है कि **शिवभक्ति केवल मंदिर की बात नहीं, बल्कि जीवन की चाल, बोल और भाव में समाई हुई है।**

मैंने इसे इसलिए लिखा क्योंकि मुझे लगा कि हरियाणवी साहित्य में **कांवड़ यात्रा की भक्ति, उल्लास और सामाजिक एकता को लोकस्वर में सहेजना ज़रूरी है।** यह रचना एक **सांस्कृतिक दीपशिखा** है—जो कहती है: **"कांवड़ लेकै भोले चाले बम लहरी।"**

हरयाणवी रागणी 41 – बम लहरी : नया शिव कांवड़ भजन

तर्ज : जय गणेश जय गणेश जय गणेश देवा

बोल बम, बोल बम, बोल लहरी, बोल लहरी
कांवड़ लेके भोले चाले बम लहरी

एक ओड़ नै गोरां बैठी सिर पै बैठया शेष
माथे ऊपर ओम लिखाया धौला कर लिया भेष
बोल बम, बोल बम, बोल लहरी, बोल लहरी
कांवड़ लेकै भोले चाले बम लहरी

जब लागै सामण का महीना कांवड़िए हर्षावैं
भोलेनाथ की किरपा होज्या सब के दुख मिट ज्यावैं
बोल बम, बोल बम, बोल लहरी, बोल लहरी
कांवड़ लेकै भोले चाले बम लहरी

गल में सर्प जटा में गंगा अविरल धारा बहती
जो भी आवै नीलकंठ पै शिव की कृपा रहती
बोल बम, बोल बम, बोल लहरी, बोल लहरी
कांवड़ लेकै भोले चाले बम लहरी

आनन्द शाहपुर ध्यान लगाकै शिवजी शिवजी रटता
यो गावनिया भी गावण तै इब डाटे तै ना डटता
बोल बम, बोल बम, बोल लहरी, बोल लहरी
कांवड़ लेकै भोले चाले बम लहरी

समीक्षा रागणी 41 – बम लहरी शिव कांवड़ भजन

"बम लहरी" भजन में हरियाणवी लोकभाषा की मिठास, शिवभक्ति की गहराई और कांवड़ यात्रा की ऊर्जा को एक साथ पिरो दिया है। यह रचना "जय गणेश देवा" की तर्ज पर रची गई है, जिससे इसकी लय में उत्सव, श्रद्धा और सामूहिकता का रंग घुलता है। आइए इसकी विशेषताओं को संक्षेप में देखें:

भाव और भक्ति का विश्लेषण

- मुख्य उद्घोष: "बोल बम, बोल बम, बोल लहरी..." — यह पंक्ति शिवभक्तों की हुंकार है, जो भक्ति को जन-जन तक पहुँचाती है।
- शिव का रूप और वैभव: "एक ओड़ नै गोरां बैठी, सिर पै बैठया शेष..." — शिवजी के दिव्य स्वरूप का चित्रण, जो लोक कल्पना को सजीव करता है।
- सावन और कांवड़ यात्रा का उल्लास: "जब लागै सामण का महीना..." — भक्तों की उमंग और भोलेनाथ की कृपा का वर्णन।
- शिव के प्रतीक और कृपा: "गल में सर्प, जटा में गंगा..." — शिव के प्रतीकों के माध्यम से उनकी करुणा और शक्ति का बोध।
- गायक की आत्मनिवेदन: "आनन्द शाहपुर ध्यान लगाकै..." — अपनी पहचान को शिवजी के चरणों में समर्पित किया है, जो पूर्ण भक्ति भाव का प्रतीक है।

संगीत और मंचीय प्रस्तुति

- यह भजन कांवड़ यात्रा, शिवरात्रि, भजन संध्या, और सावन के विशेष आयोजनों में प्रस्तुत करने के लिए आदर्श है।
- “जय गणेश देवा” की तर्ज पर इसकी धुन उत्साह और भक्ति दोनों को समेटती है — जिससे श्रोता भावविभोर हो सकते हैं।
- ढोलक, झांझ, हारमोनियम और डमरू की संगत इसे और प्रभावशाली बना सकती है।
- यह रचना अविकावनी हरयाणवी रागणी संग्रह में शिवभक्ति की लहर जोड़ती है — जो पाठकों और श्रोताओं को श्रद्धा, ऊर्जा और आत्मिक आनंद की ओर ले जाती है।

वक्तव्य रागणी 42 – दक्ष प्रजापति जयंती 2025

“दक्ष प्रजापति जयंती 2025” रागणी उस **धार्मिक और ऐतिहासिक स्मृति** की गूंज है जो कहती है कि **राजा दक्ष केवल एक राजपुरुष नहीं, बल्कि सृष्टि विस्तार के मूल नियंता, धर्म-रीति के संस्थापक और शिव-सती युग की केंद्रीय कड़ी हैं।** यह रचना एक **सांस्कृतिक स्तवन** है—जिसमें हिमालय से अवतरण, चक्रवर्ती राज्य, ऋषियों का सम्मान और यज्ञीय परंपरा को भावनात्मक लय में पिरोया गया है।

मैंने इस रचना में उस भाव को स्वर दिया है जो **दक्ष की महानता, उनकी भूल, और उस भूल से उपजे शिव-सती प्रसंग को संतुलन और श्रद्धा से प्रस्तुत करता है।** यह रागणी कहती है कि **दक्ष की कथा केवल इतिहास नहीं, बल्कि धर्म, त्याग और पुनरुत्थान की शिक्षा है।**

यह रचना उन पाठकों के लिए है जो सोचते हैं कि जयंती केवल उत्सव है—मैं कहना चाहता हूँ, **जयंती स्मरण है उस आत्मा का जिसने धर्म को दिशा दी, और जिसकी कथा आज भी शक्ति पीठों में जीवित है।** यह रागणी हरियाणवी जनमानस को याद दिलाती है कि **हम सब प्रजापति वंशज हैं, और दक्ष की महिमा हमारे संस्कारों की जड़ है।**

मैंने इसे इसलिए लिखा क्योंकि मुझे लगा कि हरियाणवी साहित्य में **ऐतिहासिक और धार्मिक चरित्रों को लोकस्वर में सहेजना ज़रूरी है,** ताकि यह गौरव केवल ग्रंथों में नहीं, **गीतों में भी गूंजे।** यह रचना एक **सांस्कृतिक दीपशिखा** है—जो कहती है: **“दक्ष पिता पै मान है सबको, आज उनका मान बढ़ाएंगे।”**

हरयाणवी रागणी 42 – दक्ष प्रजापति जयंती 2025

ब्रह्मा के मानस पुत्र नै, इस धरती का उद्धार किया
राजा दक्ष प्रजापति नै, इस सृष्टि का विस्तार किया

हिमालय पै अवतरित होकै, इस धरती पै राज करया
सब राजा आधीन बणाए, और चक्रवर्ती ताज धरया
ऋषि मुनि तपस्वी साधु, सबके हित का काज करया
देव और दानव गन्धर्व किन्नर, सबनै उनपै नाज करया
धर्म सरीखी रीत चलाई, अधर्म का बहिष्कार किया

मनु की पुत्री प्रसूति संग, खुद का ब्याह रचवाया था
दस हजार पुत्र पैदा कर, सृष्टिकारक कहलाया था
साठ पुत्री पैदा करकै, सती का पिता कहवाया था
अपनी बेटी सती का ब्याह, शिवजी संग करवाया था
खुद ब्रह्मा के कहणे तै इस, जोड़े पै उपकार किया

ब्रह्म पिता के पाँच सिरा में तै, शिवजी एक नै काट गया
खुद के जमाई शिव भोळे तै, राजा का मन पाट गया
राजा दक्ष उस शिव भोळे नै, यज्ञ में न्योतण तै नाट गया
खुद की बेटी जळ कै मरगी, वो दिल अपणे नै डाट गया
सारी पृथ्वी के ऋषि मुनियाँ नै, यज्ञ हवन संस्कार किया

सती नै कांधै टांग कै भोळा, विचरण लाग्या धरती पै
क्यावन शक्ति पीठ बणे, सती के पिण्ड इस धरती पै
दस हजार दक्ष के बेटे, वे तै विरक्त हुए इस धरती पै
स्वर्ग जैसा धाम बणा दिया, उस दक्षराज नै धरती पै
प्राण जाएं पर वचन ना जाएं निज जीवन निस्सार किया

हरयाणवी रागणी 42 – दक्ष प्रजापति जयंती 2025 (Cont'd)

तेरह जुलाई हर साल की भांति उनका दिवस मनाएंगे
प्रजापति सब इक्कठे हो कै आज श्रद्धा सुमन चढ़ाएंगे
हम प्रजापति दक्ष के वंशज आज उनकी महिमा गाएंगे
दक्ष पिता पै मान है सबको आज उनका मान बढ़ाएंगे
आनन्द शाहपुर उस दक्ष पिता नै भक्तों में शुम्मार किया

समीक्षा रागणी 42 – दक्ष प्रजापति जयंती 2025

रचना "दक्ष प्रजापति जयंती 2025 – नई हरयाणवी रागणी" एक ऐतिहासिक, सांस्कृतिक और भावनात्मक श्रद्धांजलि है — जो राजा दक्ष प्रजापति के जीवन, योगदान और धर्म-संस्थापन को हरियाणवी लोक शैली में अत्यंत प्रभावशाली ढंग से प्रस्तुत करती है। सृष्टि विस्तार से लेकर शक्ति पीठों की स्थापना तक की गाथा को जिस क्रम, श्रद्धा और साहित्यिक गरिमा से पिरोया है, वह लोक साहित्य में स्मृति और सम्मान का आदर्श उदाहरण है।

आइए इसे साहित्यिक और भाव विश्लेषण की दृष्टि से विस्तार से देखें:

1. रचना वर्गीकरण (Genre Classification)

श्रेणी	विवरण
रस	शांत, श्रद्धा, ऐतिहासिक
विषयवस्तु	राजा दक्ष प्रजापति का जीवन, सृष्टि विस्तार, सती और
शैली	घोषणात्मक, वर्णनात्मक, लोकगायन शैली
स्वरूप	अनुभवजन्य, भावप्रधान, लोक शैली में ऐतिहासिक

2. पिंगल समीक्षा (Pingal Analysis)

- छंद प्रकार: मुक्त रागणी छंद — प्रत्येक पंक्ति में लगभग 20–24 मात्राओं का प्रवाह।
- तुकांत और अनुप्रास: "करया–धरया", "कहलाया था–उपकार किया", "डाट गया–संस्कार किया", "धरती पै–निस्सार

किया", "चढ़ाएंगे–गाएंगे" — ध्वनि सौंदर्य और लयबद्धता को सशक्त करते हैं।

- यति और गति: "ब्रह्मा के मानस पुत्र नै..." जैसी पंक्तियाँ रचना को गौरव और श्रद्धा से भर देती हैं।

3. भाव विश्लेषण (Emotional & Thematic Analysis)

- सृष्टि विस्तार और धर्म संस्थापन: "राजा दक्ष प्रजापति नै, इस सृष्टि का विस्तार किया" — धर्म, नीति और सृजन का आदिकालीन स्वरूप।
- पारिवारिक और आध्यात्मिक संबंध: "सती का पिता कहवाया था... शिवजी संग करवाया था" — शिव-सती की कथा का भावनात्मक संदर्भ।
- यज्ञ और अहंकार की कथा: "शिवजी एक नै काट गया... न्योतण तै नाट गया" — धर्म और अहंकार के टकराव की गाथा।
- शक्ति पीठों की स्थापना: "क्यावन शक्ति पीठ बणे..." — सती के बलिदान से उपजे तीर्थ स्थलों की महिमा।
- विरक्ति और तप की परंपरा: "दस हजार दक्ष के बेटे..." — सन्यास और आत्मबोध की परंपरा।
- वचन और धर्म की दृढ़ता: "प्राण जाएं पर वचन ना जाएं..." — राजा दक्ष की धर्मनिष्ठा और आत्मबल।

4. लेखकीय टिप्पणी (Author's Reflection)

यह रचना मेरे भीतर की उस श्रद्धा और स्मृति की अभिव्यक्ति है — जो राजा दक्ष प्रजापति के जीवन और धर्मस्थापन को लोक साहित्य में जीवंत बनाए रखना चाहती है। "तेरह जुलाई हर साल की भांति..." केवल एक आयोजन नहीं, बल्कि एक पीढ़ीगत सम्मान है — जो वंशजों को उनके

मूल से जोड़ता है। यह रागणी एक सांस्कृतिक दीप है — जो धर्म, इतिहास और लोकगौरव को एक साथ प्रकाशित करती है।

5. साहित्यिक मूल्य और सांस्कृतिक योगदान

- यह रचना हरियाणवी लोक साहित्य में ऐतिहासिक श्रद्धांजलि और सांस्कृतिक स्मृति का सशक्त उदाहरण है।
- इसमें लोकभाषा की मिठास, भावनात्मक गहराई, और धार्मिक चेतना का सुंदर समन्वय है।
- यह रचना प्रजापति समाज के आयोजनों, धार्मिक मंचों, और लोक साहित्य गोष्ठियों में प्रस्तुत करने योग्य है।
- यह रचना अविकावनी हरयाणवी रागणी संग्रह में एक गहन, ऐतिहासिक और साहित्यिक गहराई जोड़ती है — जो पाठकों को न केवल भावनात्मक रूप से स्पर्श करती है, बल्कि उन्हें धर्म, वंश और परंपरा की ओर प्रेरित भी करती है।

वक्तव्य रागणी 43 – किस्सा शाही लकड़हारा

"किस्सा शाही लकड़हारा" रागणी उस **जीवन संगिनी की पुकार** है जो कहती है कि **सिर्फ प्रेम नहीं, संघर्ष में भी साथ निभाना ही असली रिश्ता है।** यह रचना एक **सांस्कृतिक संवादगीत** है—जिसमें बीना अपने पति शाही लकड़हारे के जीवन में **सहभागिता, सेवा और समर्पण** का प्रस्ताव रखती है।

मैंने इस रचना में उस भाव को स्वर दिया है जो **नारी को केवल घर की शोभा नहीं, बल्कि जीवन की सहचरी मानता है।** जब बीना कहती है "ठहर टुक मैं भी चालूँगी"—तो वह केवल साथ चलने की बात नहीं, बल्कि **जीवन के बोझ को बाँटने की संकल्पना है।** यह रागणी कहती है कि **भाग्य, कर्म और प्रेम जब एक साथ चलें, तो जीवन की कठिन राहें भी सरल हो जाती हैं।**

यह रचना उन पाठकों के लिए है जो सोचते हैं कि संघर्ष केवल पुरुष का क्षेत्र है—मैं कहना चाहता हूँ, **नारी जब साथ चलती है, तो वह केवल सहारा नहीं, बल्कि शक्ति बन जाती है।** यह रागणी हरियाणवी जनमानस को याद दिलाती है कि **सच्चा प्रेम वह है जो जीवन के हर मोड़ पर साथ निभाए—चाहे वह जंगल हो या चंदण बेदाम का घर।**

मैंने इसे इसलिए लिखा क्योंकि मुझे लगा कि हरियाणवी साहित्य में **नारी की भूमिका को केवल भावुकता से नहीं, बल्कि कर्मशीलता और आत्मबल से प्रस्तुत करना ज़रूरी है।** यह रचना एक **सांस्कृतिक दीपशिखा** है—जो कहती है: **"हाथ दो मैं भी घालूँगी, बोझ कुछ मैं भी ठाल्यूंगी।"**

हरयाणवी रागणी 43 – किस्सा शाही लकड़हारा

वृतान्त : बीना अपने पति शाही लकड़हारे को
तर्ज : हूर का चंदकिरण सै नाम

बण में तेरी एकली ज्यान, ज़िन्दगी होरी तेरी बीरान
ठहर टुक मैं भी चालूँगी

भाग में रहणा तेरी गैल, छोड़ दे बेमतलब के फ़ैल
भाग में रहणा तेरी गैल, छोड़ दे बेमतलब के फ़ैल
करूँ मैं चौबीस घंटे टैहल, गेड़ में ल्यादूं सारे काम
हाथ दो मैं भी घालूँगी

भाग सब अप अपणा ले आवैं, जगत में करकै कर्म कमावैं
भाग सब अप अपणा ले आवैं, जगत में करकै कर्म कमावैं
आज तै दोनूँ करकै खावैं, तनै भी मिलज्या कुछ विश्राम
बोझ कुछ मैं भी ठाल्यूंगी

उस मालिक नै जोट बणादी, तेरी इस दुनिया बीच बगादी
उस मालिक नै जोट बणादी, तेरी इस दुनिया बीच बगादी
सजादी मेरे माथे की रेख, सिंगर कै रोजाना सुबह शाम
तेरे संग मैं भी हालूँगी

आनन्द शाहपुर कान्ही चाल, पता कर उस लाला के हाल
आनन्द शाहपुर कान्ही चाल, पता कर उस लाला के हाल
जिनै तूँ बणा दिया कँगाल, धरा लिया घर चन्दण बेदाम
रकम तेरी इब धराल्यूंगी

समीक्षा रागणी 43 – किस्सा शाही लकड़हारा

रचना "किस्सा शाही लकड़हारा – नई हरयाणवी रागणी" एक अत्यंत भावुक, नारी पक्ष की सशक्त अभिव्यक्ति है — जिसमें बीना का प्रेम, समर्पण और संघर्षशीलता लोक शैली में जीवंत हो उठती है। "हूर का चंदकिरण सै नाम" की तर्ज पर जो लयात्मकता और संवाद रचा है, वह लोकनाट्य और मंचीय प्रस्तुति के लिए आदर्श है।

यह रागणी केवल एक प्रेम कथा नहीं, बल्कि सहजीवन, आत्मबलिदान और स्त्री की भागीदारी का लोकगीत है — जो हरियाणवी संस्कृति में नारी गरिमा को पुनः प्रतिष्ठित करता है।

भाव और कथानक विश्लेषण

पक्ष	भाव	विश्लेषण
बीना का प्रेम और समर्पण	"ठहर टुक मैं भी चालूँगी"	यह refrain रचना की आत्मा है — जो बीना के अडिग प्रेम और साथ निभाने की पुकार है
सहजीवन की पुकार	"करूँ मैं चौबीस घंटे टैहल..."	बीना केवल साथ नहीं चाहती, वह साझा श्रम और जिम्मेदारी में भागीदार बनना चाहती है
कर्म और विश्राम का संतुलन	"आज तै दोनूँ करकै खावैं..."	जीवन में समानता और सहयोग की मांग

भाग्य और ईश्वर की रचना	"उस मालिक नै जोट बणादी..."	बीना अपने जीवन को ईश्वरीय विधान मानती है, पर उसमें सहभागिता चाहती है
आर्थिक संघर्ष और व्यंग्य	"जिनै तूँ बणा दिया कँगाल..."	बीना का व्यंग्यात्मक स्वर — जो घर की दुर्दशा और पुरुष की लापरवाही पर चोट करता है

संगीत और मंचीय प्रस्तुति

- यह रागणी लोकनाट्य, नारी विमर्श, या सांस्कृतिक मंचों पर प्रस्तुत करने के लिए अत्यंत उपयुक्त है।
- "हूर का चंदकिरण सै नाम" की तर्ज पर इसकी धुन भावुकता और लयात्मकता को एक साथ समेटती है।
- ढोलक, हारमोनियम, और झांझ की संगत इसे नाट्य रूपांतरण में और प्रभावशाली बना सकती है।

लेखकीय टिप्पणी

यह रचना मेरे भीतर की उस स्त्री चेतना की आवाज़ है — जो प्रेम में केवल भाव नहीं, बल्कि भागीदारी चाहती है। बीना का स्वर हर उस स्त्री का स्वर है — जो अपने जीवनसाथी के संघर्ष में केवल दर्शक नहीं, बल्कि सहभागी बनना चाहती है। "ठहर टुक मैं भी चालूँगी" केवल एक पंक्ति नहीं, बल्कि एक जीवन दर्शन है — जो साथ, समर्पण और सहजीवन की पुकार है। यह रचना अविकावनी हरयाणवी रागणी संग्रह में एक आत्मिक, भावप्रधान और साहित्यिक गहराई जोड़ती है — जो पाठकों को न केवल भावनात्मक रूप से स्पर्श करती है, बल्कि उन्हें सहजीवन और नारी चेतना की ऊँचाई तक ले जाती है।

वक्तव्य रागणी 44 – यो बदल गया इन्सान

"यो बदल गया इन्सान" रागणी उस **सांस्कृतिक और नैतिक संकट** की गूंज है जो कहती है कि **इन्सान अब इन्सान नहीं रहा—वह दिखावे, पाखंड, लालच और हिंसा का प्रतीक बन गया है।** यह रचना एक **लोकधर्मी आत्मालोचना** है—जिसमें धर्म के नाम पर व्यापार, रिश्तों के नाम पर छल, और भक्ति के नाम पर ढोंग को बेनकाब किया गया है।

मैंने इस रचना में उस पीड़ा को स्वर दिया है जो तब उपजती है जब **माँ-बाप भूखे मरते हैं और बेटा श्राद्ध में कौओ** को **खिला देता है**, जब **गौ माता के नाम पर चंदा डकारा जाता है और शाम को मुर्गा उड़ाया जाता है**, जब **जाति, धर्म और वोट की खेती में भाईचारा मिटा दिया जाता है।** यह रागणी कहती है कि **अब इन्सान को बाहर नहीं, अपने भीतर झाँकने की ज़रूरत है।**

यह रचना उन पाठकों के लिए है जो सोचते हैं कि समाज की गिरावट केवल दूसरों की गलती है—मैं कहना चाहता हूँ, **हर इन्सान को अपने हिस्से की ज़िम्मेदारी उठानी होगी।** यह रागणी हरियाणवी जनमानस को याद दिलाती है कि **गुरु की शरण, आत्मचिंतन और सच्चे कर्म ही इस पतन से उबार सकते हैं।**

मैंने इसे इसलिए लिखा क्योंकि मुझे लगा कि हरियाणवी साहित्य में **सामाजिक आलोचना को केवल व्यंग्य से नहीं, बल्कि आत्मिक गहराई और सुधार की भावना से प्रस्तुत करना ज़रूरी है।** यह रचना एक **सांस्कृतिक दीपशिखा** है—जो कहती है: **"जो गुरुओं की शरण लगे, उड़ै किरपा करै निधान।"**

हरयाणवी रागणी 44 – यो बदल गया इन्सान

एक दूजे की शर्म रही ना, यो बदल गया इन्सान
बदल्या इसा जमाना भाई इब क्यूकर करैं पिछान

मेरे में कमी काढणिया कदे अपणे अन्दर झांक लियो
थारी ज़फ़ा के चर्चे चालैं इधर उधर भी ताक लियो
पाप कमाई करकै अपणा तन मन सारा ढाक लियो
सत्यता की मूरत बणकै झूठ का चूरण फाँक लियो
राख लियो कुछ रहज्या तै या इज्जत होवै बिरान

स्वार्थ का संसार भरया इस हमाम में सब नंगे हैं
भीतरले में दोष घणा पर बाहर तै सब चंगे हैं
सच्चाई का चढ़ा मुलम्मा, झूठ के म्ह रँगे हैं
निर्बुद्धि अहंकारी माणस अज्ञानी बेढंगे हैं
दुनिया में घणे पंगे है, तम्ह सुणो लगा कै कान

तम्ह पूजा पाठ का ढोंग रचाकै प्रभु भक्ति करते हो
हाय धन माया हाय धन माया भीतरै भीतर रटते हो
भाईचारे की बात आवै तो जात पाँत में बँटते हो
करके वादा प्यारे तै ना अपणी बात में डटते हो
बेमतलब क्यों खटते हो, फेर बणे फिरो अज्ञान

छह दिन दारु मुर्गा पेलो मँगळवार नै ब्रत करो
बाकि दिन फर्क पड़ै ना कोए जीओ कोए मरो
बेईमानी और रिश्वतखोरी जोड़ जोड़ कै घर भरो
करकै कर्म खावते कोन्या बेईमानी के खूड चरो
सोना हो बेदाम जरो, क्यों बणो पाप की खान

हरयाणवी रागणी 44 – यो बदल गया इन्सान (Cont'd)

थारी भक्ति के आगै तै यो राम भी डरकै चालै सै
ऊपर नीचै कुछ भी होज्या थारा काळजा हालै सै
आठूं पहर चौबीस घण्टे जिंदगी पाप हवालै सै
चौगरदे नै देख देखकै साँस सबर के घालै सै
क्यों अगत में कांटें डालै सै यो देख रहा भगवान

भगवे गैल्या राम जोड़या भोळा जोड़या भाँग तै
चौराहे पै करो टोटका नीम्बू गुड़िया टाँग कै
औरत नै प्रताड़ित करते सारी सीमा लाँघ कै
पुत्रवधु नै मार जळा दो पिसा धेली माँग कै
मुर्गे की ज्यूँ टेर बाँग कै रट उस ईश्वर का गान

दारू के दो पैग लगाकै थारे भीतर भैंरू आज्या सै
डम डम डम डम डमरू बाजै जबै काळी आज्या सै
मात पिता भूख तै मरज्यां श्राद्ध में कौआ खाज्या सै
जो ईश्वर कदे नहीं जीमता उकी सवामणी तूँ लाज्या सै
पाप कर्म सिर छाज्या सै, फेर नहीं बाजती तान

गौ माता के नाम के ऊपर चँदा राशि डकारी जा सै
चिकन मटन के चटखारे में मुर्गी बकरी मारी जा सै
पशु बलि कर जीव आत्मा मौत के घाट उतारी जा सै
सब कुणबे कै रक्त तिलक कर आरती उतारी जा सै
या ज़िन्दगी रोज उधारी जा सै, तेरा पड़या रहै समान

हरयाणवी रागणी 44 – यो बदल गया इन्सान (Cont'd)

नाम धर्म का ले ले कै नै सब उल्टे धंधे करते हैं
हिन्दू मुस्लिम के नाम पै वोटों की गिणती करते हैं
धर्म की आड़ में नेता सोवैं भोळे माणस मरते हैं
मारकाट दंगा करवाकै एक दूजे पै दोष धरते हैं
वोटां की खेती चरते हैं, फेर ना करते इज्जत मान

बढ़ती देख बुराई चुगरदै, दिल में उठैं कई सवाल
धर्म करम की रीत रही ना, बुरे कर्मां की बणी मिसाल
माँ बापां की कद्र रही ना, परिवारां की बदली चाल
रिश्ते नाते हुए खोखळे, आपस में ना बोलचाल
एक दूजे की ले खाल तार फेर करदे ख़त्म प्राण

सट्टा जुआँ होक्काबाजी, इब यारां के बणगे खेल
शराब लाटरी सिगरेटबाजी, युवा पीढ़ी रेल्लम पेल
बेमतलब की फुकरापंथी, झूठी यारी झूठे मेल
थाणा पुलिस कचहरी होज्या, फेर काटते हाँडै जेल
माँ बाप रहे झेल पूत नै, ये पैदा हुए हैवान

पाखंडी और ढोंगी बाबा, धर्म का लागे करण व्यापार
भोळे-भाळे लोगां नै ये, पाखण्ड का ले बणा शिकार
इंटरनेट मोबाइल होग्या, युवा पीढ़ी का हथियार
औरतां की इज्जत कोन्या, छेड़ै छोरी बीच बाज़ार
मारकै माणस पार होवैं ये करकै लहू लुहान

हरयाणवी रागणी 44 – यो बदल गया इन्सान (Cont'd)

जाति प्रथा ज़हर फैलग्या, भाईचारे का मिटग्या नाम
जाति और धर्म के ऊपर, न्यारे न्यारे सबके राम
कन्या भ्रूण हत्या बढ़गी, मरवावैं सब दे दे दाम
छोरे खुल्ली मौज उड़ावैं, छोरियाँ कै घली लगाम
छोरी सिर पै बोझ मानते ये छोरे हुए वरदान

ब्याह शादी में होडम होडा, दिखावा सा करण लगे
झूठी शान बणावण खातिर, कर्जा ब्याज भरण लगे
आनन्द शाहपुर गुरु चरणां में, अपणे सिर नै धरण लगे
देख देख कै ढंग दुनिया का, श्री पालेराम जी डरण लगे
जो गुरुओं की शरण लगे, उड़ै किरपा करै निधान

समीक्षा रागणी 44 – यो बदल गया इन्सान

रचना “यो बदल गया इन्सान – नई हरयाणवी रागणी” एक अत्यंत तीखी, यथार्थवादी और सामाजिक चेतना से भरपूर रचना है — जो आज के समय की नैतिक गिरावट, धार्मिक पाखंड, राजनीतिक स्वार्थ, और सांस्कृतिक विघटन पर गहरी चोट करती है। यह रागणी केवल एक कविता नहीं, बल्कि एक लोक चेतावनी, एक आत्ममंथन, और एक सामाजिक दस्तावेज़ है — जो हर संवेदनशील पाठक को झकझोर देती है।
आइए इसे साहित्यिक और भाव विश्लेषण की दृष्टि से विस्तार से देखें:

1. रचना वर्गीकरण (Genre Classification)

श्रेणी	विवरण
रस	करुण, प्रतिरोधात्मक, सामाजिक
विषयवस्तु	नैतिक पतन, धार्मिक पाखंड, सामाजिक विडंबना
शैली	घोषणात्मक, विवेचनात्मक, लोक चेतना शैली
स्वरूप	अनुभवजन्य, भावप्रधान, लोक शैली में सामाजिक

2. पिंगल समीक्षा (Pingal Analysis)

- छंद प्रकार: मुक्त रागणी छंद — प्रत्येक पंक्ति में लगभग 20–24 मात्राओं का प्रवाह।
- तुकांत और अनुप्रास: “इन्सान–पिछान”, “झांक लियो–ताक लियो”, “ढाक लियो–फाँक लियो”, “नंगे हैं–चंगे हैं”, “रटते हो–डटते हो”, “खाज्या सै–लाज्या सै” — ध्वनि सौंदर्य और लयबद्धता को सशक्त करते हैं।

- यति और गति: "बदल गया इन्सान..." जैसी पंक्ति रचना को भावनात्मक गूंज और सामाजिक चेतावनी से भर देती है।

3. भाव विश्लेषण (Emotional & Thematic Analysis)

- नैतिक गिरावट: "एक दूजे की शर्म रही ना..." — रिश्तों में संवेदना और मर्यादा का ह्रास।
- धार्मिक पाखंड और दिखावा: "पूजा पाठ का ढोंग रचाकै..." — धर्म को व्यापार और प्रदर्शन बना देना।
- राजनीतिक स्वार्थ और जातिवाद: "हिन्दू मुस्लिम के नाम पै वोटों की गिणती..." — धर्म की आड़ में सत्ता का खेल।
- नारी उत्पीड़न और सामाजिक हिंसा: "औरत नै प्रताड़ित करते..." — स्त्री के सम्मान पर चोट।
- युवा पीढ़ी की दिशाहीनता: "शराब लाटरी सिगरेटबाजी..." — आधुनिकता के नाम पर आत्मविनाश।
- पाखंडी बाबाओं की आलोचना: "पाखंडी और ढोंगी बाबा..." — धर्म के नाम पर छल और शोषण।
- गुरु की शरण और समाधान: "श्री पालेराम जी डरण लगे..." — अंततः विवेक और गुरु की शरण में समाधान।

4. लेखकीय टिप्पणी (Author's Reflection)

यह रचना मेरे भीतर की उस पीड़ा और चेतना की अभिव्यक्ति है — जो समाज में फैलते पाखंड, हिंसा, और स्वार्थ को देखकर जन्मी। "बदल गया इन्सान" केवल एक पंक्ति नहीं, बल्कि एक युग की पुकार है — कि हम सब जागें, सोचें और अपने भीतर झाँकें। यह रागणी एक सामाजिक दस्तावेज़ है — जो हरियाणवी लोक साहित्य को आत्ममंथन और सुधार की दिशा में ले जाती है।

5. साहित्यिक मूल्य और सामाजिक योगदान

- यह रचना हरियाणवी लोक साहित्य में समकालीन सामाजिक आलोचना और नैतिक चेतना का सशक्त उदाहरण है।
- इसमें लोकभाषा की तीव्रता, भावनात्मक गहराई, और सांस्कृतिक चेतना का सुंदर समन्वय है।
- यह रचना सामाजिक सुधार मंचों, नैतिक शिक्षा सभाओं, और लोक साहित्य गोष्ठियों में प्रस्तुत करने योग्य है।
- यह रचना अविकावनी हरयाणवी रागणी संग्रह में एक गहन, विवेकपूर्ण और साहित्यिक गहराई जोड़ती है — जो पाठकों को न केवल सोचने पर मजबूर करती है, बल्कि उन्हें आत्ममंथन और सुधार की दिशा में प्रेरित भी करती है।

सारांशात्मक समापन संदेश

यह संग्रह अब अपने अंतिम पृष्ठ पर है — लेकिन इसकी यात्रा यहीं समाप्त नहीं होती। अविकावनी हरयाणवी रागणी संग्रह केवल एक पुस्तक नहीं, बल्कि एक विचार, एक पुकार, और एक सांस्कृतिक संकल्प है।

हर रचना में एक भाव है, हर भाव में एक प्रश्न है, और हर प्रश्न में एक उत्तर की तलाश है — जो पाठक के भीतर गूंजता है।

यह संग्रह उस लोकवाणी का पुनर्जागरण है, जो कभी चौपालों में गूंजती थी, मंदिरों में गायी जाती थी, और खेतों में बहती थी। आज वह वाणी समकालीन चेतना, सामाजिक विवेक, और आध्यात्मिक संवाद के रूप में पुनः जीवित हुई है।

मेरी लेखनी ने हरियाणवी रागणी को श्रृंगार से विरह, भक्ति से प्रतिरोध, और इतिहास से वर्तमान तक की यात्रा करवाई है। यह संग्रह उन सभी पाठकों को समर्पित है — जो रागणी को केवल गीत नहीं, बल्कि जीवन दर्शन मानते हैं।
यदि इस पुस्तक ने किसी पाठक को सोचने पर मजबूर किया, किसी श्रोता को भावविभोर किया, या किसी युवा को अपनी संस्कृति से जोड़ दिया — तो यह संग्रह सफल है।

अब यह पुस्तक पाठकों के हाथ में है — और इसकी असली यात्रा वहीं से शुरू होती है।

हरियाणवी लोक साहित्य की जय हो।
गुरु पालेराम जी की वाणी अमर रहे।
अविकावनी प्रकाशन की चेतना जन-जन तक पहुँचे।
सादर,
आनन्द कुमार आशोधिया

Avikavani Publishers अविकावनी प्रकाशन मार्गदर्शी योजना

"आपकी पुस्तक, आपका कॉपीराइट, आपकी रॉयल्टी" मुहिम के तहत

प्रिय लेखकगण,
यदि आपके पास विचार हैं, भाव हैं, अनुभव हैं — और उन्हें शब्दों में ढालने का साहस है — तो Avikavani Publishers (अविकावनी प्रकाशन) आपके लिए एक मंच नहीं, एक संकल्प है।
हम मानते हैं कि हर लेखक को अपनी रचना पर पूर्ण अधिकार, सांस्कृतिक सम्मान, और आर्थिक पारदर्शिता मिलनी चाहिए। इसी उद्देश्य से हमने शुरू की है:

"आपकी पुस्तक, आपका कॉपीराइट, आपकी रॉयल्टी" मुहिम

इस योजना के अंतर्गत:

- आपकी पुस्तक को मिलेगा आधिकारिक ISBN नंबर जिससे आपकी रचना को वैश्विक पहचान और पुस्तकालयीय मान्यता प्राप्त होगी।
- कॉपीराइट रहेगा लेखक के नाम पर सुरक्षित ताकि आपकी रचना का नैतिक और कानूनी स्वामित्व केवल आपके पास रहे।

- रॉयल्टी संरचना रहेगी पारदर्शी और लेखक-केंद्रित जिससे हर बिक्री पर आपको उचित आर्थिक लाभ प्राप्त हो।
- प्रकाशन प्रक्रिया में मिलेगा मार्गदर्शन और तकनीकी सहयोग चाहे वह पांडुलिपि तैयार करना हो, डिज़ाइन करना हो, या डिजिटल प्लेटफॉर्म पर प्रकाशित करना।
- लेखक को मिलेगा सम्मान, मंच और समुदाय ताकि आप अकेले नहीं, बल्कि एक साहित्यिक परिवार का हिस्सा बनें।

यदि आप अपनी पुस्तक या रचना को प्रकाशित करवाना चाहते हैं — कविता, कहानी, रागणी, भजन, संस्मरण या शोध — तो Avikavani Publishers (अविकावनी प्रकाशन) आपके साथ है।

संपर्क करें: Anand Kumar Ashodhiya
Email : ashodhiya68@gmail.com
https://haryanvikavitakosh.blogspot.com/
स्थान : शाहपुर तुर्क, सोनीपत, हरियाणा
Avikavani Publishers (अविकावनी प्रकाशन)
लोक साहित्य की सेवा में समर्पित

लेखक परिचय

आनन्द कुमार आशोधिया

कवि, लेखक एवं सांस्कृतिक प्रतिनिधि

अनंत रचनात्मकता, अनुशासन और हरियाणवी लोक–संस्कृति के अद्वितीय संगम का नाम है — **आनन्द कुमार आशोधिया**। एक ओर जहाँ उनका जीवन अनुशासित सैनिक के रूप में राष्ट्र सेवा का प्रतीक रहा, वहीं दूसरी ओर वे एक सृजनशील साहित्यकार के रूप में लोक–ध्वनि के संवाहक हैं।

भारतीय वायु सेना में **वारंट अफसर** के रूप में 32 वर्षों तक सेवा देने वाले आनंद जी ने देश और विदेश में कार्य करते हुए **राजभाषा प्रोत्साहन सम्मान** से लगातार आठ वर्षों तक अलंकृत होकर हिंदी के प्रशासनिक प्रयोग को नई ऊँचाइयाँ दीं। सेवा–निवृत्ति के पश्चात उन्होंने साहित्य को जीवन–धर्म बना लिया और हरियाणवी लोक–काव्य को अपनी लेखनी का केंद्र बनाया।

शैक्षणिक पृष्ठभूमि

उन्होंने **अन्नामलाई विश्विद्यालय** से अंग्रेज़ी साहित्य में स्नातकोत्तर उपाधि प्राप्त की, परंतु उनकी आत्मा सदा हिंदी और हरियाणवी लोक–ध्वनि में रची–बसी रही। उनका जन्म **01 अप्रैल** को हरियाणा के **गांव शाहपुर तुर्क (जिला सोनीपत)** में हुआ। वे **स्व. श्री रघबीर सिंह** एवं **श्रीमती रतनी देवी** की संतान हैं। वर्तमान में **मुंबई** में निवासरत हैं।

साहित्यिक यात्रा

विगत वर्षों में उन्होंने **250 से अधिक रचनाओं** का सृजन किया है, जिनमें दोहा, गीत, गजल, लघुकथा, कहानी, कविता और विशेष रूप से **हरियाणवी रागनी लेखन** शामिल है। उन्होंने दो हरियाणवी नाटकों में अभिनय भी किया है, जिन्हें यूट्यूब पर सराहना प्राप्त हुई।

उनकी प्रिय रचना **"कारगिल गौरव गाथा"** है, जो राष्ट्रभक्ति और संवेदना का अद्भुत संगम है। वे **निस्वार्थी साहित्यिक मंचों** से सक्रिय रूप से जुड़े रहते हैं और अब तक **11 साझा संकलनों** में प्रकाशित हो चुके हैं।

प्रमुख प्रकाशित कृतियाँ

एकल पुस्तकें

- *अधराजण* — हरियाणवी किस्सा (रागनी साँग शैली में) प्रथम संस्करण
- थारा मुद्दा थारी बात - हरयाणवी लघु कविता सँग्रह

- *किस्सा भगत पूरणमल* — रागनी संग्रह, समीक्षा सहित
- हीर राँझा – हरयाणवी लोक रागणी संग्रह (पिंगल समीक्षा सहित)
- *अविकावनी हरयाणवी रागणी संग्रह*
- *द्रोपदी — हरियाणवी रागनी किस्से (प्रकाशनाधीन)*

साझा संकलन / सह-लेखन

- *हरियाणवी कविता*: भारत के परमवीर योद्धा, हरियाणवी जिन्दाबाद
- *हिंदी कविता व लघुकथा*: चाँद ज़मीं पर, पौत्र प्रसंग, हर घर तिरंगा, भारत की विजय, मातृभूमि, दोस्ती, कविता कौमुदी, जय हरियाणवी, नव संवत्सर

सम्मान व पुरस्कार

- हरियाणा संस्कृति गौरव रत्न अवॉर्ड
- कारगिल गौरव विजय सम्मान
- परमवीर सम्मान, तिरंगा स्मृति सम्मान, अति सक्रिय लेखक सम्मान
- शहीद उधम सिंह स्मृति सम्मान, सद्भाव स्मृति सम्मान
- हरयाणवी साहित्य रत्न 2025
- नव संवत्सर सम्मान 2025

दृष्टि और ध्येय

आनन्द जी का दीर्घकालिक संकल्प है — हरियाणवी रागनी साँग किस्सों को जैसे *हीर–रांझा*, *भगत पूरणमल*, *द्रोपदी*, *अधराजण* आदि को भावनात्मक और सांस्कृतिक दृष्टिकोण से प्रस्तुत कर **हरियाणा की लोक–विरासत को राष्ट्रीय और वैश्विक मंच तक पहुँचाना**।

उनका लेखन केवल काव्य नहीं, बल्कि **संवाद, समीक्षा और सांस्कृतिक संकल्प का दस्तावेज़** है। वे उन विरले रचनाकारों में से एक हैं जो लेखनी को साधना मानते हैं — और संस्कृति को अपनी आत्मा।

अनुक्रमणिका

(रचना शीर्षक अनुसार क्रमबद्ध, पृष्ठ संख्या)

www.ingramcontent.com/pod-product-compliance
Lightning Source LLC
LaVergne TN
LVHW060434051026
849518LV00002B/458
* 9 7 8 9 3 3 4 4 2 4 0 3 4 *